LEARN DANISH WITH THE LITTLE MERMAID

ISBN: 978-1-988830-31-5

This book is published by Bermuda Word. It has been created with specialized software that produces a three line interlinear format.

Please contact us if you would like a version with different font, font size, or font colors and/or less words per page!

LEARN-TO-READ-FOREIGN-LANGUAGES.COM

Copyright © 2006-2017 Bermuda Word

Dear Reader and Language Learner!

You're reading the Kindle edition of Bermuda Word's interlinear and pop-up HypLern Reader App. Before you start reading Danish, please read this explanation of our method.

Since we want you to read Danish and to learn Danish, our method consists primarily of word-for-word literal translations, but we add idiomatic English if this helps understanding the sentence.

For example:
Han kunne ikke komme efter det
 he   could   not   come   after it
[He couldn't find it out]

The HypLern method entails that you re-read the text until you know the high frequency words just by reading, and then mark and learn the low frequency words in your reader or practice them with our brilliant App.

Don't forget to take a look at the e-book App with integrated learning software at learn-to-read-foreign-languages.com!

Thanks for your patience and enjoy the story and learning Danish!

Kees van den End

LEARN-TO-READ-FOREIGN-LANGUAGES.COM

Copyright © 2006-2017 Bermuda Word

Table of Contents

Chapter 1   1
Chapter 2   7
Chapter 3   16
Chapter 4   26
Chapter 5   39
Chapter 6   52
Chapter 7   66

Chapter 1

Den   lille   havfrue
The   little   seawoman
              (mermaid)

Langt   ude   i   havet   er   vandet   så   blåt,   som   bladene
Far   out   in   the sea   is   the water   so   blue   as   the leaves

på   den   dejligste   kornblomst   og   så   klart,   som   det
on   the   most beautiful   cornflower   and   so   clear   as   the

reneste   glas,   men   det   er   meget   dybt,   dybere   end
cleanest   glass   but   it   is   very   deep   deeper   than

noget   ankertov   når,   mange   kirketårne   måtte   stilles
any   anchor rope   reaches   many   church towers   must   be put

oven   på   hinanden,   for   at   række   fra   bunden   op   over
on top   on   eachother   for   to   reach   from   the bottom   up   over

vandet.   Dernede   bor   havfolkene.
the water   Down there   live   the sea people

Nu   må   man   slet   ikke   tro,   at   der   kun   er   den
Now   may   one   at all   not   believe,   that   there   only   is   the

nøgne   hvide   sandbund;   nej,   der   vokser   de
bare   white   sand bottom   no   there   grow   the

forunderligste   træer   og   planter,   som   er   så   smidige   i
most wondrous   trees   and   plants,   which   are   so   pliant   in

stilk   og   blade,   at   de   ved   den   mindste   bevægelse   af
stem   and   leaf   that   they   with   the   least   movement   of

1

vandet rører sig, ligesom om de var levende. Alle
water move themselves like if they were alive All

fiskene, små og store, smutter imellem grenene,
the fish small and large glide between the branches

ligesom heroppe fuglene i luften. På det allerdybeste
like up here the birds in the sky On the all best

sted ligger havkongens slot, murene er af koraller og
spot lies the sea king's castle the walls are of coral and

de lange spidse vinduer af det allerklareste rav, men
the long peaked windows of the clearest amber but
       (gothic)

taget er muslingeskaller, der åbner og lukker
the roof are mussel-shells which open and close

sig, eftersom vandet går; det ser dejligt ud; thi
themselves as the water goes it looks beautiful out for

i hver ligger strålende perler, én eneste ville være
in each lie beaming pearls one single would be
         (glittering)

stor stads i en dronnings krone.
(a) great fit in a queen's crown

Havkongen dernede havde i mange år været
The sea king down there had in many years been

enkemand, men hans gamle moder holdt hus for ham,
windower but his old mother kept house for him

hun var en klog kone, men stolt af sin adel, derfor
she was a clever woman but proud of her nobility therefore

gik hun med tolv østers på halen, de andre
went she with twelve oysters on the tail the other

2

fornemme	måtte	kun	bære	seks.	Ellers	fortjente	hun
dignitaries	must	only	wear	six	Otherwise	earned	she

megen	ros,	især	fordi	hun
much	praise	especially	for that	she

holdt	så	meget	af	de	små	havprinsesser,	hendes
held	so	much	of	the	small	sea princesses	her

loved the small sea princesses so much

sønnedøtre.	De	var	6	dejlige	børn,	men	den	yngste
son-daughters	They	were	six	beautiful	children	but	the	youngest

(grand-daughters)

var	den	smukkeste	af	dem	alle	sammen,	hendes	hud
was	the	most pretty	of	them	all	together	her	skin

var	så	klar	og	skær	som	et	rosenblad,	hendes	øjne
was	so	clear	and	delicate	as	a	rose leaf	her	eyes

så	blå,	som	den	dybeste	sø,	men	ligesom	alle	de
so	blue	as	the	deepest	sea	but	like	all	the

andre	havde	hun	ingen	fødder,	kroppen	endte	i	en
others	had	she	no	feet	the body	ended	in	a

fiskehale.
fish tail

Hele	den	lange	dag	kunne	de	lege	nede	i	slottet,	i
All	the	long	day	could	they	lie	down	in	the castle	in

de	store	sale,	hvor	levende	blomster	voksede	ud	af
the	large	halls	where	living	flowers	grew	out	of

væggene.	De	store	ravvinduer	blev	lukket	op,	og
the walls	The	large	amber windows	remained	closed	up	and

opened

så	svømmede	fiskene	ind	til	dem,	ligesom	hos	os
so	swam	the fish	inside	to	them	like	with	us

3

svalerne	flyver	ind,	når	vi	lukker op,	men	fiskene
the swallows	fly	inside	when	we	close up / open up	but	the fish

svømmede	lige	hen	til	de	små	prinsesser,	spiste	af
swam	just	away	to	the	small	princesses	ate	from

deres	hånd	og	lod	sig	klappe.
their	hand	and	let	themselves	pet

Uden	for	slottet	var	en	stor	have	med	ildrøde	og
Outside	before	the castle	was	a	large	garden	with	fire-red	and

mørkeblå	træer,	frugterne	strålede	som	guld,	og
dark-blue	trees	the fruit	shone	like	gold	and

blomsterne	som	en	brændende	ild,	i det	de	altid
the flowers	like	a	burning	fire	in that / as	they	always

bevægede	stilk	og	blade.	Jorden	selv	var	det	fineste
moved	stems	and	leaves	The ground	(it)self	was	the	finest

sand,	men	blåt,	som	svovllue.	Over	det	hele	dernede
sand	but	blue	like	sulphur	Over	it	all	down there

lå	et	forunderligt	blåt	skær,	man	skulle	snarere	tro,
lay	a	wonderful	blue	sheen	one	should	sooner	think

at	man	stod	højt	oppe	i	luften	og	kun	så	himmel
that	one	stood	high	up	in	the air	and	only	saw	heaven

over	og	under	sig,	end	at	man	var	på	havets
over	and	under	oneself	than	that	one	was	on	the sea's

bund.	I	blikstille	kunne	man	øjne	solen,	den	syntes	en
bottom	In	dead calm	could	one	eye (see)	the sun	it	seemed	a

purpurblomst,	fra	hvis	bæger	det	hele	lys		
purple flower	from	whose	cup	the	whole	light		

udstrømmede.
poured out

Hver	af	de	små	prinsesser	havde	sin	lille	plet	i
Each	of	the	little	princesses	had	her	little	spot	in
haven,	hvor	hun	kunne	grave	og	plante,	som	hun	
the garden	where	she	could	dig	and	plant	how	she	
selv	ville;	én	gav	sin	blomsterplet	skikkelse	af	en	
(her)self	wanted	one	gave	her	flowerspot	(the) shape	of	a	
hvalfisk,	en	anden	syntes	bedre	om,	at	hendes		
whale	an	other	seemed	(it) better	for	to	hers		
lignede	en	lille	havfrue,	men	den	yngste	gjorde	sin	
looked like	a	little	mermaid	but	the	youngest	made	hers	
ganske	rund	ligesom	solen,	og	havde	kun	blomster,	der	
all	round	like	the sun	and	had	only	flowers	that	
skinnede	røde	som	den.	Hun	var	et	underligt	barn,	
shone	red	like	it	She	was	a	strange	child	
stille	og	eftertænksom,	og	når	de	andre	søstre		
quiet	and	thoughtful	and	when	the	other	sisters		
pyntede	op	med	de	forunderligste	ting	de	havde	fået	
decked decorated	up	with	the	most wonderful	things	they	had	gotten	
fra	strandede	skibe,	ville	hun	kun,	foruden	de		
from	stranded	ships	wanted	she	only	apart from	the		
rosenrøde	blomster,	som	lignede	solen	der	højt	oppe,		
rose red	flowers	which	likened	the sun	there	high	up		

5

have	en	smuk	marmorstøtte,	en	dejlig	dreng	var
have	a	handsome	marble support (marble pillar statue)	a	beautiful	boy	was

det,	hugget	ud	af	den	hvide,	klare	sten	og	ved
it	chopped (carved)	out	from	the	white	clear	stone	and	with
					pure white stone				

stranding	kommet	ned	på	havbunden.	Hun	plantede
(a) wreck	(had) come	down	on	the sea's bottom	She	planted

ved	støtten	en	rosenrød	grædepil,	den	voksede
by	the statue	a	rose red	weeping willow	it	grew

herligt,	og	hang	med	sine	friske	grene	ud	over	den,
wonderful	and	hung	with	its	fresh	branches	out	over	it

ned	mod	den	blå	sandbund,	hvor	skyggen	viste
down	towards	the	blue	sand bottom	where	the shadow	showed

sig	violet	og	var	i	bevægelse,	ligesom	grenene;	det
itself	purple	and	was	in	movement	like	the branches	it

så	ud,	som	om	top	og	rødder	legede	at	kysse
saw	out looked	as	if	top	and	roots	played	to	kiss

hinanden.
eachother

Chapter 2

Ingen glæde var hende større, end at høre om
No joy was her bigger than to hear about

menneskeverdenen der ovenfor; den gamle bedstemoder
the human world there up above the old grandmother

måtte fortælle alt det hun vidste om skibe og byer,
must tell all that she knew about ships and towns
(had to)

mennesker og dyr, især syntes det hende
humans and animals especially seemed it her

forunderligt dejligt, at oppe på jorden duftede
wonderfully beautiful that up on the earth smelled

blomsterne, det gjorde ikke de på havets bund, og
the flowers that did not they on the sea's bottom and

at skovene var grønne og de fisk, som der
that the forests were green and the fish which there

sås mellem grenene, kunne synge så højt og
sowed between the branches could sing so high and
(were spread)

dejligt, så det var en lyst; det var de små fugle,
beautiful so it was a joy it was the little birds

som bedstemoderen kaldte fisk, for ellers kunne de
which the grandmother called fish for otherwise could they

ikke forstå hende, da de ikke havde set en fugl.
not understand her then they not had seen a bird

7

Når	I	fylder	eders	15	år,"	sagde	bedstemoderen,	"så
When	you	fulfill	your	15	years	said	the grandmother	so

skal	I	få	lov	til	at	dykke	op	af	havet,	sidde
shall	you	get	permission	for	to	dive	up	from	the sea	sit

i	måneskin	på	klipperne	og	se	de	store	skibe,	som
in	moonshine (the moonlight)	on	the rocks	and	see	the	large	ships	which

sejler	forbi,	skove	og	byer	skal	I	se!"	I	året,
sail	past	forests	and	towns	shall	you	see	In	the year

som	kom,	var	den	ene	af	søstrene	15	år,	men	de
which	came	was	the	one	of	the sisters	15	years	but	the

andre,	ja	den	ene	var	et	år	yngre	end	den	anden,
others	yes	the	one	was	a	year	younger	than	the	other

den	yngste	af	dem	havde	altså	endnu	hele	fem	år
the	youngest	of	them	had	also	still	(a) whole	five	years

før	hun	turde	komme	op	fra	havets	bund	og	se,
before	she	might	come	up	from	the sea's	bottom	and	see

hvorledes	det	så	ud	hos	os.	Men	den	ene	lovede
how	it	saw	out looked	with	us	But	the	one	promised

den	anden	at	fortælle,	hvad	hun	havde	set	og	fundet
the	other	to	tell	what	she	had	seen	and	found

dejligst	den	første	dag;	thi	deres	bedstemoder
the most beautiful	the	first	day	since	their	grandmother

fortalte	dem	ikke	nok,	der	var	så	meget	de	måtte
told	them	not	enough	there	was	so	much	they	must

have	besked	om.
have	information	about

Ingen	var	så	længselsfuld,	som	den	yngste,	just	hun,
None	was	so	full of longing	as	the	youngest	precisely	she

som	havde	længst	tid	at	vente	og	som	var	så
who	had	(the) longest	time	to	wait	and	who	was	so

stille	og	tankefuld.	Mangen	nat	stod	hun	ved	det
quiet	and	thoughtful	Many	(a) night	stood	she	by	the

åbne	vindue	og	så	op	igennem	det	mørkeblå	vand,
open	window	and	saw	up	through	the	dark blue	water

hvor	fiskene	slog	med	deres	finner	og	hale.	Måne	og
where	the fish	struck	with	their	fins	and	tails	Moon	and

stjerner	kunne	hun	se,	rigtignok	skinnede	de	ganske
stars	could	she	see	truly	shone	they	quite

blege,	men	gennem	vandet	så	de	meget	større	ud
pale	but	through	the water	saw	the	much	bigger	out
					looked they much bigger			

end	for	vore	øjne;	gled	der	da	ligesom	en	sort
than	for	our	eyes	floated	there	then	like	a	black

sky	hen	under	dem,	da	vidste	hun,	at	det	enten
cloud	away	under	them	then	knew	she	that	it	either

var	en	hvalfisk,	som	svømmede	over	hende,	eller	også
was	a	whale	that	swam	over	her	or	also

et	skib	med	mange	mennesker;	de	tænkte	vist	ikke
a	ship	with	many	people	they	thought	surely	not

på,	at	en	dejlig	lille	havfrue	stod	nedenfor	og
on (it)	that	a	beautiful	little	mermaid	stood	below	and

rakte	sine	hvide	hænder	op	imod	kølen.
reached	her	white	hands	up	towards	the keel

Nu	var	da	den	ældste	prinsesse	15	år	og	turde
Now	was	then	the	eldest	princess	15	years	and	might

stige	op	over	havfladen.
rise	up	over	the sea level

Da	hun	kom	tilbage,	havde	hun	hundrede	ting	at
When	she	came	back	had	she	hundreds	(of) things	to

fortælle,	men	det	dejligste,	sagde	hun,	var	at	ligge
tell	but	the	most beautiful	said	she	was	to	lie

i	måneskin	på	en	sandbanke	i	den	rolige	sø,	og
in	(the) moonshine	on	a	sand bank	in	the	calm	sea	and

se	tæt	ved	kysten	den	store	stad,	hvor	lysene
see	close	by	the coast	the	large	city	where	the lights

blinkede,	ligesom	hundrede	stjerner,	høre	musikken	og
blinked	like	(a) hundred	stars	to hear	the music	and

den	larm	og	støj	af	vogne	og	mennesker,	se
the	noise (sounds)	and	noise	from	the carriages	and	the people	see

de	mange	kirketårne	og	spir,	og	høre	hvor	klokkerne
the	many	church towers	and	spires	and	hear	how	the bells

ringede;	just	fordi	hun	ikke	kunne	komme	derop,
rang	just	because	she	not	could	come	up there

længtes	hun	allermest	efter	alt	dette.
longed	she	most of all	after	all	this

Oh!	hvor	hørte	ikke	den	yngste	søster	efter,	og
Oh	how	listened	not	the	youngest	sister	after (carefully)	and

når	hun	siden	om	aftnen	stod	ved	det	åbne
when	she	later	about (in)	the evening	stood	by	the	open

vindue	og	så	op	igennem	det	mørkeblå	vand,	tænkte
window	and	looked	up	through	the	dark blue	water	thought

hun	på	den	store	stad	med	al	den	larm	og	støj,	og
she	on (of)	the	large	city	with	all	the	noise	and	noise (sounds)	and

da	syntes	hun	at	kunne	høre	kirkeklokkerne	ringe
then	felt	she	to	be able	to hear	the church bells	ring

ned	til	sig.
down	to	herself

Året	efter	fik	den	anden	søster	lov	til	at	stige
The year	after	got	the	other	sister	permission	for	to	rise

op	gennem	vandet	og	svømme	hvorhen	hun	ville.	Hun
up	through	the water	and	swim	whereto	she	wanted	She

dykkede	op,	just	i	det	solen	gik	ned,	og	det	syn
dove	up	just	in	that as	the sun	went	down	and	that	sight

fandt	hun	var	det	dejligste.	Hele	himlen	havde
found	she	was	the	most beautiful	(The) whole	sky	had

set	ud	som	guld,	sagde	hun,	og	skyerne,	ja,	deres
seen out looked		like	gold	said	she	and	the clouds	well	their

dejlighed	kunne	hun	ikke	nok	beskrive!	røde	og
beauty	could	she	not	enough	describe	red	and

violette	havde	de	sejlet	hen	over	hende,	men	langt
violet	had	they	sailed	away	over	her	but	far

11

hurtigere,	end	de,	fløj,	som	et	langt	hvidt	slør,	en
faster	than	they	flew	as	a	long	white	veil	a

flok	af	vilde	svaner	hen	over	vandet	hvor	solen	stod;
flock	of	wilde	swans	away	over	the water	where	the sun	stood

hun	svømmede	hen	imod	den,	men	den	sank	og
she	swam	away	towards	it	but	it	sank	and

rosenskæret	slukkedes	på	havfladen	og	skyerne.
the rose sheen	faded	on	the sea flat (the sheet of water)	and	the clouds

Året	efter	kom	den	tredje	søster	derop,	hun	var	den
The year	after	came	the	third	sister	up there	she	was	the

dristigste	af	dem	alle,	derfor	svømmede	hun	op	ad	en
boldest	of	them	all	therefore	swam	she	up	to	a

bred	flod,	der	løb	ud	i	havet.	Dejlige	grønne	høje
wide	river	which	ran	out	in	the sea	Beautiful	green	hills

med	vinranker	så	hun,	slotte	og	gårde	tittede	frem
with	vines	saw	she	castles	and	farms	peeped	out from

mellem	prægtige	skove;	hun	hørte,	hvor	alle	fuglene
between	beautiful	forests	she	heard	how	all	the birds

sang	og	solen	skinnede	så	varmt,	at	hun	tit	måtte
sang	and	the sun	shone	so	warm	that	she	often	had to

dykke	under	vandet,	for	at	køle	sit	brændende	ansigt.
dive	under	the water	for	to	cool	her	burning	face

I	en	lille	bugt	traf	hun	en	hel	flok	små
In	a	little	curve	found	she	a	whole	bunch	little

menneskebørn;	ganske	nøgne	løb	de	og	plaskede	i
human children	all	nude	ran	they	and	splashed	in

vandet,	hun	ville	lege	med	dem,	men	de	løb
the water	she	wanted	to play	with	them	but	they	ran

forskrækkede	deres	vej,	og	der	kom	et	lille	sort
scared	(on) their	way	and	there	came	a	little	kind

dyr,	det	var	en	hund,	men	hun	havde	aldrig	før
(of) animal	that	was	a	dog	but	she	had	never	before

set	en	hund,	den	gøede	så	forskrækkeligt	af	hende,
seen	a	dog	it	barked	so	terribly	of (at)	her

at	hun	blev	angst	og	søgte	ud	i	den	åbne	sø,
that	she	became	afraid	and	searched out went back		into	the	open	sea

men	aldrig	kunne	hun	glemme	de	prægtige	skove,	de
but	never	could	she	forget	the	beautiful	forests	the

grønne	høje	og	de	nydelige	børn,	som	kunne	svømme
green	hills	and	the	fine	children	who	could	swim

på	vandet,	skønt	de	ingen	fiskehale	havde.
on	the water	although	they	no	fish tail	had

Den	fjerde	søster	var	ikke	så	dristig,	hun	blev
The	fourth	sister	was	not	so	bold	she	remained

midt	ude	på	det	vilde	hav,	og	fortalte,	at	der	var
middle	out	on	the	wild	sea	and	told	that	there	was

just	det	dejligste;	man	så	mange	mile	bort	rundt
just	the	most beautiful	one	saw	many	miles	away	round

omkring	sig,	og	himlen	ovenover	stod	ligesom	en	stor
about	herself	and	the sky	above	stood	like	a	large

glasklokke.	Skibe	havde	hun	set,	men	langt	borte,	de
glass bell	Ships	had	she	seen	but	far	away	they

så	ud	som	strandmåger,	de	morsomme	delfiner	havde
saw	out	as	beach gulls	the	funny	dolphins	had
looked							

slået	kolbøtter,	og	de	store	hvalfisk	havde	sprøjtet
struck	somersaults	and	the	large	whales	had	spouted

vand	op	af	deres	næsebor,	så	at	det	havde	set	ud,
water	up	from	their	nosehole	so	that	it	had	seen	out
										seemed

som	hundrede	vandspring	rundt	om.
like	(a) hundred	water fountains	round	about (her)

Nu	kom	turen	til	den	femte	søster;	hendes	fødselsdag
Now	came	the turn	to	the	fifth	sister	her	birthday

var	just	om	vinteren	og	derfor	så	hun,	hvad	de
was	just	about	the winter	and	therefore	saw	she	what	the
		(in)							

andre	ikke	havde	set	første	gang.	Søen	tog	sig
others	not	had	seen	(the) first	time	The sea	took	itself

ganske	grøn	ud	og	rundt	om	svømmede	der	store
all	green	out	and	round	about (her)	swam	the	large

isbjerge,	hvert	så	ud	som	en	perle,	sagde	hun,	og
icebergs	each	saw	out	like	a	pearl	said	she	and
		looked							

var	dog	langt	større	end	de	kirketårne,	menneskene
was	however	far	bigger	than	the	church towers	(that) men

byggede.	I	de	forunderligste	skikkelser	viste	de
build	In	the	most wondrous	shapes	showed	they

sig	og	glimrede	som	diamanter.	Hun	havde	sat
themselves	and	glittered	like	diamonds	She	had	sat

sig	på	et	af	de	største	og	alle	sejlere	krydsede
herself	on	one	of	the	biggest	and	all	the sailboats	cruised

forskrækkede	uden	om,	hvor	hun	sad	og	lod
afraid	out (of the way)	around	where	she	sat	and	let

blæsten	flyve	med	sit	lange	hår;	men	ud	på	aftnen
the wind	fly	with	her	long	hair	but	out	on (in)	the evening

blev	himlen	overtrukket	med	skyer,	det	lynede	og
became	the sky	drawn over	with	clouds	it	lightninged	and

tordnede,	medens	den	sorte	sø	løftede	de	store
thundered	while	the	black	sea	lifted	the	large

isblokke	højt	op	og	lod	dem	skinne	ved	de	røde
ice blocks	high	up	and	let	them	shine	with	the	red

lyn.	På	alle	skibe	tog	man	sejlene	ind,	der	var
lightning	On	all	ships	took	one	the sails	inside	there	was

en	angst	og	gru,	men	hun	sad	rolig	på	sit
a	fear	and	horror	but	she	sat	calm	on	her

svømmende	isbjerg	og	så	den	blå	lynstråle	slå	i
swimming	iceberg	and	saw	the	blue	lightning beams	strike	in

siksak	ned	i	den	skinnende	sø.
zigzag	down	in	the	shining	sea

Chapter 3

Den	første	gang	en	af	søstrene	kom	over	vandet,	var
The	first	time	one	of	the sisters	came	over	the water	was

enhver	altid	henrykt	over	det	nye	og	smukke	hun	så,
each	always	delighted	about	the	new	and	beautiful	she	saw

men	da	de	nu,	som	voksne	piger,	havde	lov	
but	when	they	now	as	grown (up)	girls	had	permission	

at	stige	derop	når	de	ville,	blev	det	dem	
to	rise	up there	when	they	wanted	remained	it	(to) them	

ligegyldigt,	de	længtes	igen	efter	hjemmet,	og	efter
equal-valid (all the same)	they	longed	again	after	home	and	after

en	måneds	forløb	sagde	de,	at	nede	hos	dem	var
a	month's	passed	said	they	that	down	with	them	was

dog	allersmukkest,	og	der	var	man	så	rart	hjemme.
still	most beautiful of all	and	there	was	one	so	pleasant	at home

Mangen	aftenstund	tog	de	fem	søstre	hinanden	i
Many	evening hour	took	the	five	sisters	eachother	in

armene	og	steg	i	række	op	over	vandet;	dejlige
the arms	and	rose	in	(a) row	up	over	the water	beautiful

stemmer	havde	de,	smukkere,	end	noget	menneske,	og
voices	had	they	more beautiful	than	any	man	and

når	det	da	trak	op	til	en	storm,	så	de	kunne	tro,
when	it	then	pulled	up	to	a	storm	so	they	could	think

at	skibe	måtte	forlise,	svømmede	de	foran	skibene	og
that	ships	must	be lost	swam	they	before	the ships	and

sang	så	dejligt,	om	hvor	smukt	der	var	på	havets
sang	so	beautiful	about	how	pretty	it	was	on	the sea's

bund,	og	bad	søfolkene,	ikke	være	bange	for	at
bottom	and	asked	the sea people	not	to be	afraid	for	to

komme	derned;	men	disse	kunne	ikke	forstå	ordene,
come	down there	but	these	could	not	understand	the words

de	troede,	at	det	var	stormen,	og	de	fik
they	believed	that	it	was	the storm	and	they	got

heller	ikke	dejligheden	dernede	at	se,	thi	når	skibet
either	not	the beauty	down there	to	see	since	when	the ship
neither								

sank,	druknede	menneskene,	og	kom	kun	som	døde	til
sank	drowned	the people	and	came	only	as	deads	to

havkongens slot.
the sea king's palace

Når	søstrene	således	om	aftnen,	arm	i	arm,	steg
When	the sisters	so like that	about (in)	the evening	arm	in	arm	rose

højt	op	gennem	havet,	da	stod	den	lille	søster	ganske
high	up	through	the sea	then	stood	the	little	sister	all

alene	tilbage	og	så	efter	dem,	og	det	var	som	om
alone	back	and	looked	after	them	and	it	aas	as	if

hun	skulle	græde,	men	havfruen	har	ingen	tårer,	og
she	should	cry	but	sea-women (mermaids)	have	no	tears	and

så	lider	hun	meget	mere.
so	suffered	she	much	more

"Ak, var jeg dog 15 år!" sagde hun, "jeg ved, at
Ah was I however 15 years said she I know that
    (were)

jeg ret vil komme til at holde af den verden der
I rightly will come for to hold of the world there
                            love

ovenfor og af menneskene, som bygger og bor
above and of the people who build and live

deroppe!"
up there

Endelig var hun da de 15 år.
Finally was she then the 15 years

"Se nu har vi dig fra hånden," sagde hendes
See now have we you from the hand said her

bedstemoder, den gamle enkedronning. "Kom nu, lad
grandmother the old widow-queen Come now let

mig pynte dig, ligesom dine andre søstre!" og hun
me decorate you just as your other sisters and she

satte hende en krans af hvide liljer på håret, men
put her a wreath of white lillies on the hair but

hvert blad i blomsten var det halve af en perle; og
each leaf in the flower was the half of a pearl and

den gamle lod 8 store østers klemme sig fast ved
the old let 8 large oysters clamp itself fast with
                                                    (on)

prinsessens hale, for at vise hendes høje stand.
the princess' tail for to show her high rank

"Det   gør   så   ondt!" sagde den lille   havfrue.
That does so (much) pain   said   the little mermaid

"Ja   man må   lide   noget   for stadsen!" sagde den
Well   one must suffer something for the fun   said   the

gamle.
old (one)

Oh! hun ville   så gerne   have rystet hele   denne pragt
Oh   she wanted   so eagerly have shook   whole that   pomp

af   sig   og   lagt den tunge krans; hendes røde
off herself and laid the heavy wreath her   red

blomster i   haven   klædte   hende meget bedre, men hun
flowers   in the sea dressed her   much   better but she

turde   nu   ikke gøre det om.   "Farvel" sagde hun og
dared   now not   do   it   around   Farewell said   she and

steg så let   og   klar, som en boble,   op gennem
rose so light and clear as   a   bubble   up through

vandet.
the water

Solen   var   lige gået ned,   idet   hun løftede sit hoved
The sun was   just gone down   in that she lifted   her head

op   over havet,   men alle skyerne   skinnede endnu som
up   over the sea but all   the clouds shone   still as

roser og   guld, og   midt   i   den blegrøde luft strålede
roses and gold   and middle in the pale red air   beamed

19

aftenstjernen	the evening star
så	so
klart	clear (bright)
og	and
dejligt,	beautiful
luften	the air
var	was
mild	mild
og	and
frisk	fresh
og	and
havet	the sea
blikstille.	tin sheet-unmoving / flat as a sheet
Der	There
lå	lay
et	a
stort	large
skib	ship
med	with
tre	three
master,	masts
et	one
eneste	single
sejl	sail
var	was
kun	only
oppe,	up
thi	since
ikke	no
en	one
vind	wind
rørte	moved
sig	itself
og	and
rundt	round
om	about
i	in
tovværket	the rope-work (the ropes)
og	and
på	on
stængerne	the (sail)rods
sad	sat
matroser.	sailors
Der	There
var	was
musik	music
og	and
sang,	song
og	and
alt	all
som	as
aftnen	the evening
blev	became
mørkere,	darker
tændtes	were lit
hundrede	(a) hundred
brogede	variegated
lygter;	lights
de	they
så	saw
ud,	out / looked
som	as
om	if
alle	all
nationers	nations
flag	flags
vajede	waved
i	in
luften.	the air
Den	The
lille	little
havfrue	mermaid
svømmede	swam
lige	right
hen	away
til	to
kahytsvinduet,	the cabin window
og	and
hver	each
gang	time
vandet	the water
løftede	lifted
hende	her
i	in
vejret,	the air
kunne	could
hun	she
se	see
ind	inside
af	of
de	the
spejlklare	mirror clear
ruder,	(window)panes
hvor	where
så	so
mange	many
pyntede	well-dressed
mennesker	people
stod,	stood
men	but
den	the
smukkeste	most handsome
var	were
dog	however
den	the
unge	young
prins	prince
med	with
de	the
store	large
sorte	black
øjne,	eyes
han	he
var	was
vist	surely
ikke	not
meget	much
over	over
16	16
år,	years
det	it
var	was
hans	his
fødselsdag,	birthday
og	and

20

derfor	skete	al	denne	stads.	Matroserne	dansede	på
therefore	happened	all	that	fun	The sailors	danced	on

dækket,	og	da	den	unge	prins	trådte	derud,	steg
the deck	and	when	the	young	prince	stepped	out there	rose

over	hundrede	raketter	op	i	luften,	de	lyste,	som
over	(a) hundred	rockets	up	in	the air	they	shone	as

den	klare	dag,	så	den	lille	havfrue	blev	ganske
the	clear	day	so	the	little	mermaid	became	all

forskrækket	og	dukkede	ned	under	vandet,	men	hun
afraid	and	dove	down	under	the water	but	she

stak	snart	hovedet	igen	op,	og	da	var	det	ligesom
stuck	soon	the head	again	up	and	then	was	it	like

om	alle	himlens	stjerner	faldt	ned	til	hende.	Aldrig
if	all	the heaven's	stars	fell	down	to	her	Never

havde	hun	set	sådanne	ildkunster.	Store	sole	snurrede
had	she	seen	such	fire arts	(A) large	sun	spun

rundt,	prægtige	ildfisk	svingede	sig	i	den	blå
round	wonderful	fire fish	swung	themselves	in	the	blue

luft,	og	alting	skinnede	tilbage	fra	den	klare,	stille
air	and	everything	shone	back	from	the	clear	quiet

sø.	På	skibet	selv	var	så	lyst,	at	man	kunne	se
sea	On	the ship	itself	was	(it) so	bright	that	one	could	see

hvert	lille	tov,	sagtens	menneskene.	Oh	hvor	dog	den
each	little	rope	(and) easily	the people	Oh	how	then	the

unge	prins	var	smuk,	og	han
young	prince	was	handsome	and	he

trykkede	folkene	i	hånden,	lo	og	smilede,	mens
pressed	people	in	the hands	laughed	and	smiled	while

shook people's hands

musikken	klang	i	den	dejlige	nat.
the music	sounded	in	the	beautiful	night

Det	blev	silde,	men	den	lille	havfrue	kunne	ikke
It	became	late	but	the	little	mermaid	could	not

vende	sine	øjne	bort	fra	skibet	og	fra	den	dejlige
turn	her	eyes	away	from	the ship	and	from	the	beautiful

prins.	De	brogede	lygter	blev	slukket,	Raketterne
prince	The	variegated	lights	remained	extinguished	the rockets

steg	ikke	mere	i	vejret,	der	lød	heller	ingen
rose	not	(any)more	in	the air	there	sounded	either	no
								neither

flere	kanonskud,	men	dybt	nede	i	havet	summede	og
more	canon shots	but	deep	down	in	the sea	hummed	and

brummede	det,	hun	sad	i	medens	på	vandet	og
rumbled	it	she	sat	in	(the) while	on	the water	and

gyngede	op	og	ned,	så	at	hun	kunne	se	ind	i
went	up	and	down	so	that	she	could	see	inside	in

kahytten;	men	skibet	tog	stærkere	fart,	det	ene	sejl
the cabin	but	the ship	took	stronger	speed	the	one	sail

bredte	sig	ud	efter	det	andet,	nu	gik	bølgerne
broadened	itself	out	after	the	other	now	went	the waves

stærkere,	store	skyer	trak	op,	det	lynede	langt
stronger	large	clouds	pulled	up	it	lightninged	far
			drew together		there were lightning flashes		

borte.	Oh,	det	ville	blive	et	skrækkeligt	vejr!	derfor
away	Oh	it	would	become	a	horrible	weather	therefore

tog	matroserne	sejlene	ind.	Det	store	skib	gyngede	i
took	the sailors	the sails	in	The	large	ship	went	in

flyvende	fart	på	den	vilde	sø,	vandet	rejste	sig,
flying	speed	on	the	wild	sea	the water	rose	itself

ligesom	store	sorte	bjerge,	der	ville	vælte	over
like	large	black	mountains	it	wanted	to topple	over

masten,	men	skibet	dykkede,	som	en	svane,	ned
the mast	but	the ship	duck	as	a	swan	down

imellem	de	høje	bølger	og	lod	sig	igen	løfte	op	på
in between	the	high	waves	and	let	itself	again	lift	up	on

de	tårnende	vande.	Det	syntes	den	lille	havfrue	just
the	towering	water	It	seemed	the	little	mermaid	just

var	en	morsom	fart,	men	det	syntes	søfolkene	ikke,
was	a	fun	trip	but	that	felt	the sea men	not

skibet	knagede	og	bragede,	de	tykke	planker	bugnede
the ship	creaked	and	crashed	the	thick	planks	bulged

ved	de	stærke	stød,	søen	gjorde	ind	mod	skibet,
with	the	strong	impact	the sea	did (came)	in	to	the ship

Masten	knækkede	midt	over,	ligesom	den	var	et	rør,
the mast	broke	middle	over	like	it	was	a	reed

broke through the middle

og	skibet	slingrede	på	siden,	mens	vandet	trængte
and	the ship	swayed	on	the side	while	the water	pressed

ind	i	rummet.	Nu	så	den	lille	havfrue,	at	de
inside	in	the hold	Now	saw	the	little	mermaid	that	they

var	i	fare,	hun	måtte	selv	tage	sig	i	agt	for
were	in	danger	she	must	self	take	herself	in	care	for

bjælker	og	stumper	af	skibet,	der	drev	på	vandet.
beams	and	stumps	of	the ship	that	floated	on	the water

Ét øjeblik var det så kullende mørkt, at hun ikke
One moment was it so coal dark that she not

kunne øjne det mindste, men når det så lynede,
could eye the least but when it then lightning flashed
    (see)

blev det igen så klart, at hun kendte dem alle på
became it again so bright that she recognized them all on

skibet; hver tumlede sig det bedste han kunne; den
the ship each tumbled himself the best he could the

unge prins søgte hun især efter, og hun så ham,
young prince looked she especially after and she saw him
              (for)

da skibet skiltes ad, synke ned i den dybe sø.
when the ship separated at sinking down in the deep sea
         split in two

Lige straks blev hun ganske fornøjet, for nu kom
Right immediately became she quite pleased for now came

han ned til hende, men så huskede hun, at
he down to her but so remembered she that

menneskene ikke kan leve i vandet, og at han ikke,
people not can live in the water and that he not

uden som død, kunne komme ned til hendes faders
apart as dead could come down to her father's

slot. Nej dø, det måtte han ikke; derfor svømmede
palace No die that must he not therefore swam

hun hen mellem bjælker og planker, der drev på
she away between beams and planks that floated on

søen, glemte rent, at de kunne have knust hende,
the sea forgot clean that they could have crushed her

hun dykkede dybt under vandet og steg igen højt op
she dove deep under the water and rose again high up

24

imellem	bølgerne,	og	kom	så	til	sidst	hen	til	den
in between	the waves	and	came	so	to	last	away	to	the

unge	prins,	som	næsten	ikke	kunne	svømme	længere	i
young	prince	who	almost	not	could	swim	longer	in

den	stormende	sø,	hans	arme	og	ben	begyndte	at
the	storming	sea	his	arms	and	legs	began	to

blive	matte,	de	smukke	øjne	lukkede	sig,	han
become	tired	the	handsome	eyes	closed	themselves	he

havde	måttet	dø,	var	ikke	den	lille	havfrue	kommet
had	must	die	was	not	the	little	mermaid	come

til.	Hun	holdt	hans	hoved	op	over	vandet,	og	lod	så
forth	She	held	his	head	up	over	the water	and	let	so

bølgerne	drive	hende	med	ham,	hvorhen	de	ville.
the waves	drift	her	with	him	where to	they	wanted

Chapter 4

I	morgenstunden	var	det	onde	vejr	forbi;	af	skibet
In	the morning hour	was	the	bad	weather	over	from	the ship

var	ikke	en	spån	at	se,	solen	steg	så	rød	og
was	not	a	(wood)chip	to	see	the sun	rose	so	red	and

skinnende	op	af	vandet,	det	var	ligesom	om	prinsens
shining	up	from	the water	it	was	like	if	the prince's

kinder	fik	liv	derved,	men	øjnene	forblev	lukkede;
cheeks	got	life	there-by	but	the eyes	remained	shut

havfruen	kyssede	hans	høje	smukke	pande	og	strøg
the mermaid	kissed	his	high	handsome	forehead	and	stroked

hans	våde	hår	tilbage;	hun	syntes,	han	lignede
his	wet	hair	back	she	felt	he	looked like

marmorstøtten	nede	i	hendes	lille	have,	hun	kyssede
the marble statue	down	in	her	little	garden	she	kissed

ham	igen,	og	ønskede,	at	han	dog	måtte	leve.
him	again	and	wished	that	he	yet	had to would	live

Nu	så	hun	foran	sig	det	faste	land,	høje	blå
Now	saw	she	in front	(of) herself	the	~~hard~~	land	high	blue

bjerge,	på	hvis	top	den	hvide	sne	skinnede,	som
mountains	on	whose	top	the	white	snow	shone	as

var	det	svaner,	der	lå;	nede	ved	kysten	var	dejlige
were	it	swans	there	lay	down	by	the coast	were	beautiful

grønne	skove,	og	foran	lå	en	kirke	eller	et	kloster,
green	forests	and	in front	lay	a	church	or	a	cloister

26

det	vidste	hun	ikke	ret,	men	en	bygning	var	det.
that	knew	she	not	rightly	but	a	building	was	it

Citron-	og	appelsintræer		voksede	der	i	haven,	og
Lemon	and	orange trees		grew	there	in	the sea	and

foran	porten	stod	høje	palmetræer.	Søen	gjorde	her	en
before	the gate	stood	high	palm trees	The sea	made (formed)	here	a

lille	bugt,	der	var	blikstille,	men	meget	dybt,	lige	hen
little	bay	it	was	totally calm	but	very	deep	right	up

til	klippen,	hvor	det	hvide	fine	sand	var	skyllet	op,
to	the cliff	where	the	white	fine	sand	was	washed	up

her	svømmede	hun	hen	med	den	smukke	prins,
here	swam	she	towards	with	the	handsome	prince

lagde	ham	i	sandet,	men	sørgede	især	for,	at
lied (laying)	him	in	the sand	but	took care	especially	for	that

hovedet	lå	højt	i	det	varme	solskin.
the head	lay	high	in	the	warm	sunshine

Nu	ringede	klokkerne	i	den	store	hvide	bygning,	og
Now	rang	the bells	in	the	large	white	building	and

der	kom	mange	unge	piger	gennem	haven.	Da
there	came	many	young	girls	through	the garden	Then

svømmede	den	lille	havfrue	længere	ud	bag	nogle
swam	the	little	mermaid	farther	out	behind	some

høje	stene,	som	ragede	op	af	vandet,	lagde	søskum
high	stones	which	jutted	up	from	the water	put	sea foam

på	sit	hår	og	sit	bryst,	så	at	ingen	kunne	se
on	her	hair	and	her	breast	so	that	none	could	see

hendes	lille	ansigt,	og	da	passede hun på,		hvem	der
her	little	face	and	then	took care she on watched she out for		whom	there

kom	til	den	stakkels	prins.
came	to	the	poor	prince

Det	varede	ikke	længe,	før	en	ung	pige	kom
It	was	not	long	before	a	young	girl	came

derhen,	hun	syntes	at	blive	ganske	forskrækket,	men
there-to	she	seemed	to	become	all	scared	but

kun	et	øjeblik,	så	hentede	hun	flere	mennesker,	og
only	one	eye-glance (moment)	so	fetched	she	more	people	and

havfruen	så,	at	prinsen	fik	liv,	og	at	han	smilede
the mermaid	saw	that	the prince	got came to	life	and	that	he	smiled

til	dem	alle	rundt	omkring,	men	ud	til	hende	smilede
at	them	all	round	about	but	out	to	her	smiled

han	ikke,	han	vidste	jo	ikke	heller,	at	hun	havde
she	not	he	knew	well	not	either	that	she	had

reddet	ham,	hun	følte	sig	så	bedrøvet,	og	da	han
saved	him	she	felt	herself	so	sad	and	when	she

blev	ført	ind	i	den	store	bygning,	dykkede	hun
became	taken	inside	in	the	large	building	dove	she

sorrigfuld	ned	i	vandet	og	søgte	hjem	til	sin
full of sorrow	down	in	the water	and	searched (went)	home	to	her

faders	slot.
father's	castle

Altid	havde	hun	været	stille	og	tankefuld,	men	nu
Always	had	she	been	quiet	and	thoughtful	but	now

blev	hun	det	meget	mere.	Søstrene	spurgte	hende,
became	she	that	much	more	The sisters	asked	her

hvad	hun	havde	set	den	første	gang	deroppe,	men
what	she	had	seen	the	first	time	up there	but

hun	fortalte	ikke	noget.
she	told	not	anything

Mangen	aften	og	morgen	steg	hun	op	der,	hvor	hun
Many	evenings	and	mornings	rose	she	up	there	where	she

havde	forladt	prinsen.	Hun	så,	hvor	havens	frugter
had	left	the prince	She	saw	how	the garden's	fruits (fruit)

modnedes	og	blev	afplukket,	hun	så,	hvor	sneen
ripened	and	became	picked	she	saw	how	the snow

smeltede	på	de	høje	bjerge,	men	prinsen	så	hun
melted	on	the	high	mountains	but	the prince	saw	she

ikke,	og	derfor	vendte	hun	altid	endnu	mere
not	and	therefore	turned	she	always	still	more

bedrøvet	hjem.	Der	var	det	hendes	eneste	trøst,	at
sad	home	There	was	it	her	only	consolation	to

sidde	i	sin	lille	have	og	slynge	sine	arme	om	den
sit	in	her	little	garden	and	hug	her	arms	around	the

smukke	marmorstøtte,	som	lignede	prinsen,	men	sine
handsome	marble statue	which	looked like	the prince	but	her

blomster	passede	hun	ikke,	de	voksede,	som	i	et
flowers	cared for	she	not	they	grew	like	in	a

vildnis, ud over gangene og flettede deres lange
jungle out over the walkways and braided their long

stilke og blade ind i træernes grene, så der var
stems and leaves inside in the trees' branches so it was

ganske dunkelt.
wholly dark

Til sidst kunne hun ikke længere holde det ud, men
To last could she not longer hold it out but

sagde det til en af sine søstre, og så fik straks
said it to one of her sisters and so got immediately

alle de andre det at vide, men heller ingen flere, end
all the others that to know but either not more then

de og et par andre havfruer, som ikke sagde det
they and a few other mermaids who not said it

uden til deres nærmeste veninder. En af dem vidste
apart to their closes girlfriends One of them knew

besked, hvem prinsen var, hun havde også set
information who the prince was she had also seen

stadsen på skibet, vidste, hvorfra han var, og hvor
the party on the ship knew where-from he was and where

hans kongerige lå.
his kingdom lay

"Kom	lille	søster!"	sagde	de	andre	prinsesser,	og	med
Come	little	sister	said	the	other	princesses	and	with

armene	om	hinandens	skuldre	steg	de	i	en	lang
the arms	around	eachothers	shoulders	rose	they	in	a	long

række	op	af	havet	foran,	hvor	de	vidste	prinsens
row	up	from	the sea	forth	(to) where	they	knew	the prince's

slot	lå.
castle	lay

Dette	var	opført	af	en	lysegul	glinsende	stenart,
That	was	constructed	of	a	light yellow	glistening	sort of stone

med	store	marmortrapper,	én	gik	lige	ned	i	havet.
with	large	marble stairs	one	went	right	down	into	the sea

Prægtige	forgyldte	kupler	hævede	sig	over	taget,
Wonderful	gilded	domes	lifted	themselves rose	over	the roof

og	mellem	søjlerne,	som	gik	rundt	om	hele
and	between	the pillars	that	went	round	around	(the) whole

bygningen,	stod	marmorbilleder,	der	så	ud,	som
building	stood	marble statues	that	saw	out looked	like

levende.	Gennem	det	klare	glas	i	de	høje	vinduer
alive (ones)	Through	the	clear	glass	in	the	high	windows

så	man	ind	i	de	prægtigste	sale,	hvor	kostelige
looked	one	inside	in	the	most wonderful	halls	where	valuable

silkegardiner	og	tæpper	var	ophængte,	og	alle
silk curtains	and	tapestries	were	hung up	and	all

væggene	pyntede	med	store	malerier,	som	det	ret
the walls	decorated	with	large	paintings	which	it	truly

var en fornøjelse at se på. Midt i den største sal	was a pleasure to look at. Middle in the largest hall
plaskede et stort springvand, strålerne stod højt op	splashed a large well-water (fountain) the jets stood high up
mod glaskuplen i loftet, hvorigennem solen	towards the glass dome in the ceiling where-in-through the sun
skinnede på vandet og på de dejlige planter, der	shone on the water nad on the beautiful plants which
voksede i det store bassin.	grew in the large pool
Nu vidste hun, hvor han boede, og der kom hun	Now knew she where he lived and there came she
mangen aften og nat på vandet; hun svømmede	many evenings and nights on the water she swam
meget nærmere land, end nogen af de andre havde	much closer (to) land than any of the others had
vovet, ja hun gik helt op i den smalle kanal, under	dared yes she went all up in the small canal under
den prægtige marmoraltan, der kastede en lang skygge	the wonderful marble balcony which cast a long shadow
hen over vandet. Her sad hun og så på den unge	away over the water. Here sat she and looked at the young
prins, der troede, han var ganske ene i det klare	prince who believed he was all alone in the bright
måneskin.	moonshine

Hun	så	ham	mangen	aften	sejle	med	musik	i	sin
She	saw	him	many	evenings	sail	with	music	in	his

prægtige	båd,	hvor	flagene	vajede;	hun	tittede	frem
magnificent	boat	where	the flags	waved	she	peered	from

mellem	de	grønne	siv,	og	tog	vinden	i	hendes
between	the	green	rushes	and	took	the wind	in	her

lange	sølvhvide	slør	og	nogen	så	det,	tænkte	de,
long	silver-white	veil	and	(if) anyone	saw	it	thought	they

det	var	en	svane,	som	løftede	vingerne.
it	was	a	swan	which	lifted	the wings

Hun	hørte	mangen	nat,	når	fiskerne	lå	med	blus
She	heard	many	nights	when	the fishermen	lay	with	torches

på	søen,	at	de	fortalte	så	meget	godt	om	den
on	the sea	and	they	told	so	much	good	about	the

unge	prins,	og	det	glædede	hende,	at	hun	havde
young	prince	and	it	rejoiced	her	that	she	had

frelst	hans	liv,	da	han	halvdød	drev	om	på
saved	his	life	when	he	half-dead	drifted	about	on

bølgerne,	og	hun	tænkte	på,	hvor	fast	hans	hoved
the waves	and	she	thought	on	how	tight	his	head

havde	hvilet	på	hendes	bryst,	og	hvor	inderligt	hun
had	rested	on	her	bosom	and	how	heartily	she

da	kyssede	ham;	han	vidste	slet	intet	derom,	kunne
then	kissed	him	he	knew	at all	not	there-about	could

ikke	engang	drømme	om	hende.
not	one time	dream	about	her

Mere og mere kom hun til at holde af menneskene, mere og mere ønskede hun at kunne stige op imellem dem; deres verden syntes hun var langt større, end hendes; de kunne jo på skibe flyve hen over havet, stige på de høje bjerge højt over skyerne, og landene, de ejede, strakte sig, med skove og marker, længere, end hun kunne øjne. Der var så meget hun gad vide, men søstrene vidste ikke at give svar på alt, derfor spurgte hun den gamle bedstemoder og hun kendte godt til den højere verden, som hun meget rigtigt kaldte landene oven for havet.

"Når	menneskene	ikke	drukner,"	spurgte		den	lille	
When	the people	not	drown	asked		the	little	

havfrue,	"kan	de	da	altid	leve,	dør	de	ikke,	som
mermaid	can	they	then	always	live	die	they	not	like

vi hernede på havet?"
we down here on (in) the sea

"Jo!" sagde den gamle, "de må også dø, og deres
Yes said the old (one) they must also die and their

levetid er endogså kortere end vor. Vi kan blive tre
life's time is even shorter than ours We can become three

hundrede år, men når vi så hører op at være til
hundred years but when we so hear up to be to

her, bliver vi kun skum på vandet, har ikke engang
here become we only foam on the water have not one time (even)

en grav hernede mellem vore kære. Vi har ingen
a grave down here between our dears (dear ones) We have no

udødelig sjæl, vi får aldrig liv mere, vi er ligesom
immortal soul we get never to live more we are like

det grønne siv, er det engang skåret over, kan det
the green rushes is it once cut over can it

ikke grønnes igen! Menneskene derimod har en sjæl,
not green again The humans on the contrary have a soul

som lever altid, lever, efter at legemet er blevet
which lives always lives after that the body is become

jord; den stiger op igennem den klare luft, op til alle
earth it rises up through the clear air up to all

35

de	skinnende	stjerner!	ligesom	vi	dykker	op	af	havet
the	shining	stars	like	we	dive	up	from	the sea

og	ser	menneskenes	lande,	således	dykker	de	op	til
and	see	the humans'	lands	so	dive	they	up	to

ubekendte	dejlige	steder,	dem	vi	aldrig	får	at	se."
unknown	beautiful	places	that	we	never	get	to	see

"Hvorfor	fik	vi	ingen	udødelig	sjæl?"	sagde	den	lille
Where-fore	get	we	no	immortal	soul	said	the	little

havfrue	bedrøvet,	"jeg	ville	give	alle	mine	tre
mermaid	sad	I	would	give	all	my	three

hundrede	år,	jeg	har	at	leve	i,	for	blot	én	dag	at
hundred	years	I	have	to	live	in	for	just	one	day	to

være	et	menneske	og	siden	få	del	i	den	himmelske
be	a	human	and	then	get	part	in	the	heavenly

verden!"
world

"Det	må	du	ikke	gå	og	tænke	på!"	sagde	den
That	must	you	not	go	and	think	on (of)	said	the

gamle,	"vi	har	det	meget	lykkeligere	og	bedre,	end
old (one)	we	have	it	much	happier	and	better	than

menneskene	deroppe!"
humans	up there

"Jeg skal altså dø og flyde som skum på søen, ikke
I   shall also die and fly like foam on the sea not

høre bølgernes musik, se de dejlige blomster og den
hear the waves' music see the beautiful flowers and the

røde sol! Kan jeg da slet intet gøre, for at vinde
red sun Can I then at all nothing do for to find

en evig sjæl!" -
an eternal soul

"Nej!" sagde den gamle, "kun når et menneske fik
No said the old (one) only when a human gets

dig så kær, at du var ham mere, end fader og
you so dear that you were him more than father and

moder; når han med hele sin tanke og kærlighed
mother when he with all his thoughts and love

hang ved dig, og lod præsten lægge sin højre hånd
hangs with you and lets the priest lay his higher hand
                                            (right)

i din med løfte om troskab her og i al
in you with (the) promise about faithfulness here and in all

evighed, da flød hans sjæl over i dit legeme og
eternity then pours his soul over in your body and

du fik også del i menneskenes lykke. Han gav dig
you get also part in the human's fortune He gave you

sjæl og beholdt dog sin egen. Men det kan aldrig
soul and keeps however his own But that can never

ske! Hvad der just er dejligt her i havet, din
happen What there just is beautiful here in the sea your

fiskehale,	finder	de	hæsligt	deroppe	på	jorden,	de
fish tails	find	they	ugly	up there	on	the ground	they

forstår	sig	nu	ikke	bedre	på	det,	man	må
understand	~~themselves~~	now	not	better	on	it	one	must

dér	have	to	klodsede	støtter,	som	de	kalder	ben,
there	have	two	clumsy	supports	which	they	call	legs

for	at	være	smuk!"
for	to	be	pretty

Da	sukkede	den	lille	havfrue	og	så	bedrøvet	på
Then	sighed	the	little	mermaid	and	looked	sadly	at

sin	fiskehale.
her	fish tail

"Lad	os	være	fornøjede,"	sagde	den	gamle,	"hoppe	og
Let	us	be	pleased	said	the	old (one)	hop	and

springe	vil	vi	i	de	tre	hundrede	år,	vi	har	at
jump	will	we	in	the	three	hundred	years	we	have	to

leve	i,	det	er	såmænd	en	god	tid	nok,	siden	kan
live	in	that	is	such	a	good	time	still	then	can

man	des	fornøjeligere	hvile	sig	ud	i	sin	grav.	I
one	the	more pleased	while (rest)	oneself	~~out~~	in	ones	grave	In

aften	skal	vi	have	hofbal!"
(the) evening	shall	we	have	court-ball (a royal dance)

Chapter 5

Det var også en pragt, som man aldrig ser den på
That was also a wonder as one never sees it on

jorden. Vægge og loft i den store dansesal var af
the earth Walls and ceiling in the large dance-hall were of
(ballroom)

tykt men klart glas. Flere hundrede kolossale
thick but clear glass. Many hundreds (of) colossal
(transparent)

muslingeskaller, rosenrøde og græsgrønne, stod i
mussel-shells rose-red and grass-green stood in

rækker på hver side med en blå brændende ild, som
rows on each side with a blue burning fire which

oplyste den hele sal og skinnede ud gennem væggene,
lit up the whole hall and shone out through the walls

så at søen der udenfor var ganske oplyst; man
so that the sea there out before were all lit up one

kunne se alle de utallige fisk, store og små, som
could see all the innumerable fish great and small which

svømmede hen imod glasmuren, på nogle skinnede
swam over towards the glass wall on some shone

skællene purpurrøde, på andre syntes de sølv og
the scales purple red on others seemed they silver and

guld. Midt igennem salen flød en bred rindende
gold Middle through the hall flowed a wide running

strøm, og på denne dansede havmænd og havfruer til
stream and on it danced the sea men and sea women to

deres egen dejlige sang. Så smukke stemmer har ikke
their own beautiful song. Such pretty voices has not

menneskene	(a) person
på	on
jorden.	the earth
Den	The
lille	little
havfrue	mermaid
sang	sang

skønnest af dem alle, og de klappede i
(the) most beautiful of them all and they clapped in

hænderne for hende, og et øjeblik følte hun glæde i
the hands for her and one moment felt she joy in

sit hjerte, thi hun vidste, at hun havde den
her heart there she knew that she had the

skønneste stemme af alle på jorden og i havet!
most beautiful voice of all on the earth and in the sea

Men snart kom hun dog igen til at tænke på
But soon came she however again for to think on

verden oven over sig; hun kunne ikke glemme den
the world above over herself she could not forgget the

smukke prins og sin sorg over ikke at eje, som han,
handsome prince and her sorrow about not to own as him

en udødelig sjæl. Derfor sneg hun sig ud af sin
an immortal soul Therefore sneaked she herself out of her

faders slot, og mens alt derinde var sang og
father's castle and while all in there was song and

lystighed, sad hun bedrøvet i sin lille have. Da
happiness sat she sad in her little garden There

hørte hun valdhorn klinge ned igennem vandet, og
heard she french horns sound down through the water and

hun tænkte, "nu sejler han vist deroppe, ham som
she thought now sails he surely up there him who

jeg holder mere af end fader og moder, ham som
I hold more of than father and mother him who
    love more

40

min	tanke	hænger	ved	og	i	hvis	hånd	jeg	ville
my	thoughts	hang	with	and	in	whose	hand	I	want
		are occupied with							

| lægge | mit | livs | lykke. | Alt | vil | jeg | vove | for | at | vinde |
| to lay | my | lives | happiness | All | will | I | dare | for | to | win |

| ham | og | en | udødelig | sjæl! | Mens | mine | søstre | danser |
| him | and | an | immortal | soul | While | my | sister | dances |

| derinde | i | min | faders | slot, | vil | jeg | gå | til | havheksen, |
| in there | in | my | father's | castle | will | I | go | to | the sea witch |

| hende | jeg | altid | har | været | så | angst | for, | men | hun | kan |
| her | I | always | have | been | so | afraid | for (of) | but | she | can |

| måske | råde | og | hjælpe!" |
| maybe | advise | and | help |

| Nu | gik | den | lille | havfrue | ud | af | sin | have | hen | imod |
| Now | went | the | little | mermaid | out | of | her | garden | away | towards |

| de | brusende | malstrømme, | bag | hvilke | heksen | boede. |
| the | roaring | maelstrom | behind | which | the witch | lived |

| Den | vej | havde | hun | aldrig | før | gået, | der | voksede |
| The | way | had | she | never | before | went | there | grew |

| ingen | blomster, | intet | søgræs, | kun | den | nøgne | grå |
| no | flowers | no | sea grass | only | the | bare | gray |

| sandbund | strakte | sig | hen | imod | malstrømmene, | hvor |
| sandy bed | stretched | itself | away | towards | the maelstroms | where |

| vandet, | som | brusende | møllehjul, | hvirvlede | rundt | og |
| the water | like | (a) roaring | (water)mill-wheel | whirled | round | and |

rev	alt,	hvad	de	fik	fat	på,	med	sig	ned	i
tore	everything	what	it	got	hold	on	with	itself	down	in
				got hold of						

dybet;	midt	imellem	disse	knusende	hvirvler	måtte	hun
the depth	middle	between	these	crushing	swirls	must	she

gå,	for	at	komme	ind	på	havheksens	distrikt,	og	her
go	for	to	come	inside	on	the sea witch's	district	and	here

var	et	langt	stykke	ikke	anden	vej,	end	over	varmt
was	a	long	stretch	no	other	road	than	over	warm

boblende	dynd,	det	kaldte	heksen	sin	tørvemose.	Bag
bubbling	mire	which	called	the witch	her	peat moss	Behind

ved	lå	hendes	hus	midt	inde	i	en	sælsom	skov.
by	lay	her	house	middle	inside	in	a	strange	forest

Alle	træer	og	buske	var	polypper,	halv	dyr	og	halv
All	trees	and	bushes	were	polyps	half	animals	and	half

plante,	de	så	ud,	som	hundredhovedede	slanger,	der
plants	they	saw looked	out	like	hundred headed	snakes	they

voksede	ud	af	jorden;	alle	grene	var	lange	slimede
grew	out	of	the ground	all	branches	were	long	slimy

arme,	med	fingre	som	smidige	orme,	og	led	for	led
arms	with	fingers	like	flexible	worms	and	limb	for	limb

bevægede	de	sig	fra	roden	til	den	yderste
moved	they	themselves	from	the root	to	the	utmost

spidse.	Alt	hvad	de	i	havet	kunne	gribe	fat	på,
top	Everything	what	they	in	the sea	could	grab	hold	on

snoede	de	sig	fast	om	og
twisted	they	themselves	hard	around	and

gav	aldrig	mere	slip	på.	Den	lille	havfrue	blev
gave	never	(any)more never released anymore	release	on	The	little	sea woman	remained

ganske	forskrækket	stående	der	udenfor;	hendes	hjerte
wholly	afraid	standing	there	out before	her	heart

bankede	af	angst,	nær	havde	hun	vendt	om,	men
beat	of	fear	almost	had	she	turned	around	but

så	tænkte	hun	på	prinsen	og	på	menneskets	sjæl,	og
so	thought	she	on (of)	the prince	and	on (of)	the human	soul	and

da	fik	hun	mod.	Sit	lange	flagrende	hår	bandt	hun
then	got	she	courage	Her	long	waving (flowing)	hair	bound	she

fast	om	hovedet,	for	at	polypperne	ikke	skulle	gribe
tight	around	the head	for (so)	that	the polyps	not	should	grab

hende	deri,	begge	hænder	lagde	hun	sammen	over	sit
her	there-in	both	hands	laid	she	together	over	her

bryst,	og	fløj	så	af sted,	som	fisken	kan	flyve
breast	and	flew	so	of place away	like	the fish	can	fly

gennem	vandet,	ind	imellem	de	hæslige	polypper,	der
through	the water	into	in between	the	hideous	polyps	which

strakte	deres	smidige	arme	og	fingre	efter	hende.	Hun
stretched	their	flexible	arms	and	fingers	after	her	She

så,	hvor	hver	af	dem	havde	noget,	den	havde
saw	how	each	of	them	had	something	it	had

grebet,	hundrede	små	arme	holdt	det,	som	stærke
grabbed	hundreds	small	arms	held	it	like	strong

jernbånd.	Mennesker,	som	var	omkommet	på	søen	og
iron band	Humans	who	were (had)	died	on	the sea	and

sunket	dybt	derned,	tittede,	som	hvide	benrade	frem
sunk	deep	down there	watched	like	white	skeletons	out from

i	polyppernes	arme.	Skibsror	og	kister	holdt	de
inside	the polyps	arms	Ships rudders	and	chests	held	they

fast,	skeletter	af	landdyr	og	en	lille	havfrue,	som
tight	skeletons	of	land animals	and	a	little	mermaid	which

43

de havde fanget og kvalt, det var hende næsten
they had caught and strangled that was to her almost

det forskrækkeligste.
the most horrible.

Nu kom hun til en stor slimet plads i skoven, hvor
Now came she to a large slimy clearing in the forest where

store, fede vandsnoge boltrede sig og viste deres
large thick sea snakes frolicked themselves and showed their
                              were rolling around

stygge hvidgule bug. Midt på pladsen var rejst et
ugly white yellow stomachs Middle on the spot was erected a
                              In the middle of the place

hus af strandede menneskers hvide ben, der sad
house from shipwrecked human's white bones there sat

havheksen og lod en skrubtudse spise af sin mund,
the sea witch and let a scrub-toad eat off her mouth

ligesom menneskene lader en lille kanariefugl spise
like people let a little canary-bird eat

sukker. De hæslige fede vandsnoge kaldte hun sine
sugar. The ugly fat sea snakes called she her

små kyllinger og lod dem vælte sig på
little chickens and (she) let them turn about themselves on

hendes store, svampede bryst.
her large spongy breast

"Jeg	ved	nok,	hvad	du	vil!"	sagde	havheksen,	"det
I	know	already	what	you	want	said	the sea witch	it

er	dumt	gjort	af	dig!	alligevel	skal	du	få	din	vilje,
is	dumb	~~done~~	of	you	nevertheless	shall	you	get	your	wish

for	den	vil	bringe	dig	i	ulykke,	min	dejlige
for	it	will	bring	you	in	unhappiness	my	beautiful

prinsesse.	Du	vil	gerne	af	med	din	fiskehale	og	i
princess	You	will	eagerly	of	with	your	fish tail	and	in
			really get rid of						

stedet	for	den	have	to	stumper	at	gå	på	ligesom
stead	for	it	have	two	stumps	to	go	on	like

menneskene,	for	at	den	unge	prins	kan
the humans	for	that	the	young	prince	can

blive	forlibt	i	dig	og	du	kan	få	ham	og	en
become	in love	in	you	and	you	can	get	him	and	an
	fall in love with you									

udødelig	sjæl!"	I	det	samme	lo	heksen	så	højt
immortal	soul	In	that	same (instant)	laughed	the witch	so	high

og	fælt,	at	skrubtudsen	og	snogene	faldt	ned	på
and	ugly	that	the scrubtoad	and	the snakes	fell	down	on

jorden	og		væltede	sig	der.
the ground	and		wallowed	themselves	there
			lay there wriggling about		

"Du	kommer	netop	i	rette	tid,"	sagde	heksen,
You	come	just up	in	right	time	said	the witch
	you are just in time						

"i	morgen,	når	sol	står	op,	kunne	jeg	ikke	hjælpe
in	the morning	when	sun	stands	up	could	I	not	help
	tomorrow	when the sun comes up							

dig,	før	igen	et	år	var	omme.	Jeg	skal	lave	dig
you	before	again	a	year	was	past	I	shall	prepare	you

en	drik,	med	den	skal	du,	før	sol	står	op,
a	drink	with	it	shall	you	before	(the) sun	stands	up
								(comes)	

svømme	til	landet,	sætte	dig	på	bredden	der	og
swim	to	the land	set	yourself	on	the shore	there	and

drikke	den,	da	skilles	din	hale	ad	og	snerper	ind
drink	it	then	separates	your	tail	at	and	straightens	into

til	hvad	menneskene	kalde	nydelige	ben,	men
to	what	humans	call	fine	legs	but

det	gør	ondt,	det	er	som	det	skarpe	sværd	gik
it	does	pain	it	is	like	the	sharp	sword	goes
		it hurts							

igennem	dig.	Alle,	som	ser	dig,	vil	sige,	du	er	det
through	you	All	who	see	you	will	say	you	are	the

dejligste	menneskebarn	de	har	set!	du	beholder	din
most beautiful	human child	they	have	seen	you	keep	your

svævende	gang,	ingen	danserinde	kan	svæve	som	du,
swaying	walk	no	dancing girl	can	float	like	you

men	hvert	skridt	du	gør,	er	som	om	du	trådte	på
but	each	step	you	make	is	like	if	you	stepped	on

en	skarp	kniv,	så	dit	blod	må	flyde.	Vil	du	lide	alt
a	sharp	knife	so	your	blood	must	flow	Will	you	suffer	all

dette,	så	skal	jeg	hjælpe	dig?"
that	so	shall	I	help	you

"Ja!"	sagde	den	lille	havfrue	med	bævende	stemme,	og
Yes	said	the	little	mermaid	with	trembling	voice	and

tænkte	på	prinsen	og	på	at	vinde	en	udødelig	sjæl.
thought	on (of)	the prince	and	on	to	found	an	immortal	soul

"Men husk på," sagde heksen, "når du først har fået menneskelig skikkelse, da kan du aldrig mere blive en havfrue igen! du kan aldrig stige ned igennem vandet til dine søstre og til din faders slot, og vinder du ikke prinsens kærlighed, så han for dig glemmer fader og moder, hænger ved dig med sin hele tanke og lader præsten lægge eders hænder i hinanden, så at I bliver mand og kone, da får du ingen udødelig sjæl! den første morgen efter at han er gift med en anden, da må dit hjerte briste, og du bliver skum på vandet."

"Jeg vil det!" sagde den lille havfrue og var bleg, som en død.

"Men mig må du også betale!" sagde heksen, "og det er ikke lidet, hvad jeg forlanger. Du har den dejligste stemme af alle hernede på havets bund, med den tror du nok at skulle fortrylle ham, men den stemme skal du give mig. Det bedste du ejer vil jeg have for min kostelige drik! mit eget blod må jeg jo give dig deri, at drikken kan blive skarp, som et tveægget sværd!"

"Men når du tager min stemme," sagde den lille havfrue, "hvad beholder jeg da tilbage?"

"Din dejlige skikkelse," sagde heksen, "din svævende gang og dine talende øjne, med dem kan du nok

bedåre	et	menneskehjerte.	Nå,	har	du	tabt	modet!
charm	a	human heart	Now	have	you	lost	your courage

ræk	frem	din	lille	tunge,	så	skærer	jeg	den	af,	i
stretch	out	your	little	tongue	so	cut	I	it	off	in

betaling,	og	du	skal	få	den	kraftige	drik!"
payment	and	you	shall	get	the	powerful	drink

"Det	ske!"	sagde	den	lille	havfrue,	og	heksen	satte
It	happens	said	the	little	mermaid	and	the witch	set

sin	kedel	på,	for	at	koge	trolddrikken.	"Renlighed	er
her	kettle (cooking pot)	on	for	to	cook	the magic drink	Cleanliness	is

en	god	ting!"	sagde	hun	og	skurede	kedlen	af
a	good	thing	said	she	and	scoured	the cooking pot	off

med	snogene,	som	hun	bandt	i	knude;	nu	ridsede
with	the snakes	which	she	bound	in	(a) knot	now	pricked

hun	sig	selv	i	brystet	og	lod	sit	sorte	blod
she	herself	self	in	the breast	and	let	her	black	blood

dryppe	derned,	Dampen	gjorde	de	forunderligste
drip	down there	The steam	made	the	most wondrous

skikkelser,	så	man	måtte	blive	angst	og	bange.	Hvert
shapes	so	one	must	become	afraid	and	fearful	Each

øjeblik	kom	heksen	nye	ting	i	kedlen,	og	da
moment	came	the witch	new	thing	in	the cooking pot	and	when

det	ret	kogte,	var	det,	som	når	krokodillen	græder.
it	right	cooked	was	it	as	when	crocodiles	cried

Til	sidst	var	drikken	færdig,	den	så	ud	som	det
To (At)	last	was	the drink	ready	it	saw looked	out	like	the

klareste	vand!
clearest	water

"Der	har	du	den!"	sagde	heksen	og	skar	tungen	af
There	have	you	it	said	the witch	and	cut	the tongue	off

den	lille	havfrue,	som	nu	var	stum,	kunne	hverken
the	little	mermaid	who	now	was	mute	could	neither

synge	eller	tale.
sing	nor	speak

"Dersom	polypperne	skulle	gribe	dig,	når	du	går
If	the polyps	should	catch	you	when	you	go

tilbage	igennem	min	skov,"	sagde	heksen,	"så	kast	kun
back	through	my	forest	said	the witch	so	cast	only

en	eneste	dråbe	af	denne	drik	på	dem,	da	springer
a	single	drop	of	this	drink	on	them	then	explode

deres	arme	og	fingre	i	tusinde	stykker!"	men	det
their	arms	and	fingers	in	(a) thousand	pieces	but	that

behøvede	den	lille	havfrue	ikke,	Polypperne	trak
needed	the	little	mermaid	not	the polyps	pulled

sig	forskrækkede	tilbage	for	hende,	da	de	så
themselves	afraid	back	for	her	when	they	saw

den	skinnende	drik,	der	lyste	i	hendes	hånd,	ligesom
the	shining	drink	which	shone	in	her	hand	like

det var en funklende stjerne. Således kom hun snart
it was a sparkling   star   So   came she soon

igennem skoven,   mosen   og de brusende malstrømme.
through the forest the moss and the roaring maelstrom

Hun kunne se sin faders   slot; blussene   var slukket
She could see her father's castle the torches were extinguished

i den store dansesal; de   sov   vist   alle derinde, men
in the large dance hall they slept surely all in there but

hun vovede dog   ikke at søge   dem, nu hun var
she dared however not to seek out them now she was

stum og ville   for altid gå bort fra dem. Det var,
mute and wanted for always go away from them It   was

som   hendes hjerte skulle gå itu   af sorg.   Hun
as if her   heart should go in pieces of sorrow She

sneg   sig   ind   i   haven,   tog én blomst af   hver
sneaked herself inside in the garden took one flower from each

af sine søstres blomsterbed, kastede med fingeren
of her   sisters' flower beds   threw   with the finger

tusinde   kys   hen imod   slottet   og steg op igennem
(a) thousand kisses away towards the castle and rose up through

den mørkeblå sø.
the dark blue sea

Chapter 6

Solen var endnu ikke kommet frem, da hun så
The sun was still not come forth when she saw

prinsens slot og besteg den prægtige marmortrappe.
the prince's palace and climbed the magnificent marble stairs

Månen skinnede dejligt klart. Den lille havfrue drak
The moon shone beautifully bright The little mermaid drank

den brændende skarpe drik, og det var, som gik et
the burning sharp drink and it was as went a

tveægget sværd igennem hendes fine legeme, hun
two edged sword through her fine body she

besvimede derved og lå, som død. Da solen skinnede
fainted there-by and lay as dead When the sun shone

hen over søen, vågnede hun op, og hun følte en
forth over the sea woke she up and she felt a

sviende smerte, men lige for hende stod den dejlige
searing pain but right before her stood the handsome

unge prins, han fæstede sine kulsorte øjne på hende,
young prince he fixed his coal-black eyes on her

så hun slog sine ned og så, at hendes fiskehale
so she struck hers down and saw that her fish tail

var borte, og at hun havde de nydeligste små, hvide
was gone and that she had the finest small white

ben, nogen lille pige kunne have, men hun var ganske
legs any little girl could have but she was all

nøgen, derfor svøbte hun sig ind i sit store,
naked there-fore swept she herself inside in her large

lange	hår.	Prinsen	spurgte,	hvem	hun	var,	og		
long	hair	The prince	asked	who	she	was	and		

hvorledes	hun	var	kommet	her,	og	hun	så	mildt	og
where-from	she	was	come	here	and	she	saw	mild	and

dog	så	bedrøvet	på	ham	med	sine	mørkeblå	øjne,
however	so	said	on	him	with	her	dark blue	eyes

tale	kunne	hun	jo	ikke.	Da	tog	han	hende	ved
speak	could	she	well	not	Then	took	he	her	by

hånden	og	førte	hende	ind	i	slottet.	Hvert	skridt
the hand	and	lead	her	inside	in	the palace	Each	step

hun	gjorde,	var,	som	heksen	havde	sagt	hende	forud,
she	made	was	as	the witch	had	said	her	in advance

som	om	hun	trådte	på	spidse	syle	og	skarpe	knive,
as	if	she	stepped	on	sharp	spikes	and	sharp	knives

men	det	tålte	hun	gerne;	ved	prinsens	hånd	steg
but	it	tolerated	she	well	by	the prince's	hand	rose

hun	så	let,	som	en	boble,	og	han	og	alle	undrede
she	so	light	as	a	bubble	and	he	and	all	wondered

sig	over	hendes	yndige,	svævende	gang.	
themselves	about	her	lovely	floating	walk	

Kostelige	klæder	af	silke	og	musselin	fik	hun	på,	i
Valuable	dresses	of	silk	and	muslin	got	she	on	in

slottet	var	hun	den	skønneste	af	alle,	men	hun	var
the palace	was	she	the	most beautiful	of	all	but	she	was

stum,	kunne	hverken	synge	eller	tale.	Dejlige	slavinder,
mute	could	neither	sing	or (nor)	speak	Beautiful	female slaves

klædte	i	silke	og	guld,	kom	frem	og	sang	for
dressed	in	silk	and	gold	came	forth	and	sang	for

prinsen	og	hans	kongelige	forældre;	en	sang
the prince	and	his	royal	parents	one	sang

smukkere	end	alle	de	andre	og	prinsen
more beautiful	than	all	the	others	and	the prince

klappede	i	hænderne	og	smilede	til	hende,	da	blev
clapped	in	the hands applauded	and	smiled	at	her	then	became

den	lille	havfrue	bedrøvet,	hun	vidste,	at	hun	selv
the	little	mermaid	sad	she	knew	that	she	herself

havde	sunget	langt	smukkere!	hun	tænkte,	"Oh	han
had	sang	far	more beautiful	she	thought	Oh	he

skulle	bare	vide,	at	jeg,	for	at	være	hos	ham,	har
should	only	know	that	I	for	to	be	with	him	have

givet	min	stemme	bort	i	al	evighed!"
given	my	voice	away	in (for)	all	eternity

Nu	dansede	slavinderne	i	yndige	svævende	danse	til
Now	danced	the female slaves	in	lovely	floating	dances	to

den	herligste	musik,	da	hævede	den	lille	havfrue
the	most wonderful	music	then	raised	the	little	mermaid

sine	smukke	hvide	arme,	rejste	sig	på	tåspidser	og
her	beautiful	white	arms	rose	herself stood	on	the tiptoes	and

svævede	hen	over	gulvet,	dansede,	som	endnu	ingen
floated	away	over	the floor	danced	as	still	no one

havde	danset;	ved	hver	bevægelse	blev	hendes
had	danced	with	each	movement	became	her

dejlighed endnu mere synlig, og hendes øjne talte
beauty still more visible and her eyes spoke

dybere til hjertet, end slavindernes sang.
deeper to the heart than the female slaves' song

Alle var henrykte derover, især prinsen, som kaldte
All were delighted about it especially the prince who called

hende sit lille hittebarn, og hun dansede mere og
her his little foundling and she danced more and

mere, skønt hver gang hendes fod rørte jorden, var
more although each time her foot touched the ground was

det, som om hun trådte på skarpe knive. Prinsen
it as if she stepped on sharp knives. The prince

sagde, at hun skulle alletider være hos ham, og hun
said that she should allways be with him and she

fik lov at sove uden for hans dør på en
got permission to sleep out in front of his door on a

fløjlspude.
velvet cushion

Han lod hende sy en mandsdragt, for at hun til
He let (for) her sew a man's dress for that she on

hest kunne følge ham. De red gennem de duftende
horse could follow him They rode through the fragrant

skove, hvor de grønne grene slog hende på skulderen
woods where the green branches hit her on the shoulders

og	de	små	fugle	sang	bag	friske	blade.	Hun klatrede
and	the	small	birds	sang	behind	fresh	leaves	She climbed

med	prinsen	op	på	de	høje	bjerge,	og	skønt hendes
with	the prince	up	on	the	high	mountains	and	although her

fine	fødder	blødte,	så	de	andre	kunne	se	det, lo
fine	feet	bled	so	the	others	could	see	it laughed

hun	dog	deraf	og	fulgte	ham,	til	de	så skyerne
she	however	of it	and	followed	him	until	they	saw the clouds

sejle	nede	under	sig,	som	var	det	en	flok fugle,
sail	down	under	themselves	as	was	it	a	flock (of) birds

der	drog	til	fremmede	lande.
which	carried (travelled)	to	strange	lands

Hjemme	på	prinsens	slot,	når	om	natten	de	andre
Home	on	the prince's	castle	when	about (in)	the night	the	others

sov,	gik	hun	ud	på	den	brede	marmortrappe,	og det
slept	went	she	out	on	the	wide	marble stairs	and that

kølede	hendes	brændende	fødder,	at	stå	i	det	kolde
cooled	her	burning	feet	to	stand	in	the	cold

søvand,	og	da	tænkte	hun	på	dem	dernede	i
sea water	and	then	thought	she	on	them	down there	in

dybet.
the depth

En	One
nat	night
kom	came
hendes	her
søstre	sisters
arm	arm
i	in
arm,	arm
de	they
sang	sang
så	so
sorrigfuldt,	sorrowfull
idet	in that
de	they
svømmede	swam
over	over
vandet,	the water
og	and
hun	she
vinkede	waved
af	of (to)
dem,	them
og	and
de	they
kendte	recognized
hende	her
og	and
fortalte,	told
hvor	how
bedrøvet	sad
hun	she
havde	had
gjort	made
dem	them
alle	all
sammen.	together
Hver	Each
nat	night
besøgte	visited
de	they
hende	her
siden,	then
og	and
en	one
nat	night
så	saw
hun,	she
langt	far
ude,	out
den	the
gamle	old
bedstemoder,	grandmother
som	who
i	in
mange	many
år	years
ikke	not
havde	had
været	been
over	over
havet,	the sea
og	and
havkongen,	the sea king
med	with
sin	his
krone	crown
på	on
hovedet,	the head
de	they
strakte	extended
hænderne	their hands
hen	to
mod	-wards
hende,	her
men	but
vovede	dared
sig	themselves
ikke	not
så	so
nær	near
landet,	the land
som	like
søstrene.	the sisters

Dag	Day
for	for (by)
dag	day
blev	became
hun	she
prinsen	the prince
kærere,	more dear
han	he
holdt	held
af	of loved
hende,	her
som	as
man	one
kan	can
holde af	hold of love
et	a
godt,	good
kært	dear
barn,	child
men	but
at	to
gøre	make
hende	her
til	to
sin	his
dronning,	queen

57

faldt	ham	slet	ikke	ind,	og	hans	kone	måtte	hun
fell	him	at all	not	in	and	his	wife	must	she
		did not occur to him at all							

blive,	ellers	fik	hun	ingen	udødelig	sjæl,	men	ville
become	otherwise	got	she	no	immortal	soul	but	would

på	hans	bryllupsmorgen	blive	skum	på	søen.
on	his	wedding morning	become	foam	on	the sea

"Holder	du	ikke	mest	af	mig,	blandt	dem	alle
Hold	you	not	most	of	me	between	them	all

sammen!"	syntes	den	lille	havfrues	øjne	at	sige,	når
together	seemed	the	little	mermaid's	eyes	to	say	when

han	tog	hende	i	sine	arme	og	kyssede	hendes
he	took	her	in	his	arms	and	kissed	her

smukke	pande.
pretty	forehead

"Jo,	du	er	mig	kærest,"	sagde	prinsen,	"thi	du	har
Yes	you	are	me	dearest	said	the prince	since	you	have

det	bedste	hjerte	af	dem	alle,	du	er	mig	mest
the	best	heart	of	them	all	you	are	me	(the) most

hengiven,	og	du	ligner	en	ung	pige	jeg	engang	så,
devoted	and	you	look like	a	young	girl	I	one time	saw

men	vistnok	aldrig	mere	finder.	Jeg	var	på	et	skib,
but	surely	never	more	(will) find	I	was	on	a	ship

som	strandede,	bølgerne	drev	mig	i	land	ved	et
which	wrecked	the waves	drifted	me	in	(the) land	by	a

helligt	tempel,	hvor	flere	unge	piger	gjorde	tjeneste,
holy	temple	where	various	young	girls	did	service

den	yngste	der	fandt	mig	ved	strandbredden	og
the	youngest	who	found	me	by	the beach coast	and

reddede	mit	liv,	jeg	så	hende	kun	to	gange;	hun	var
saved	my	life	I	saw	her	only	two	times	she	was

den	eneste,	jeg	kunne	elske	i	denne	verden,	men	du
the	only one	I	could	love	in	this	world	but	you

ligner	hende,	du	næsten	fortrænger	hendes	billede	i
look like	her	you	almost	displace	her	image	in

min	sjæl,	hun	hører	det	hellige	tempel	til,	og	derfor
my	soul	she	hears	the	holy	temple	to	and	therefore

she belongs to the holy temple

har	min	gode	lykke	sendt	mig	dig,	aldrig	vil	vi
has	my	good	fortune	send	me	you	never	will	we

skilles!"	-	"Ak,	han	ved	ikke,	at	jeg	har	reddet
separate		Ah	he	knows	not	that	I	have	saved

hans	liv!"	tænkte	den	lille	havfrue,	"jeg	bar	ham
his	life	thought	the	little	mermaid	I	carried	him

over	søen	hen	til	skoven,	hvor	templet	står,	jeg	sad
over	the sea	away	to	the forest	where	the temple	stands	I	sat

bag	skummet	og	så	efter,	om	ingen	mennesker	ville
behind	the foam	and	saw	after	if	no	human	would

made sure

komme.	Jeg	så	den	smukke	pige,
come	I	saw	the	pretty	girl

som	han	holder	mere	af,	end	mig!"	og	havfruen
who	he	holds	more	of	than	me	and	the mermaid

who he loves more

sukkede	dybt,	græde	kunne	hun	ikke.	"Pigen
sighed	deep	cry	could	she	not	The girl

hører det hellige tempel til, har han sagt, hun
hears the holy temple to has he said she
   belongs to the holy temple

kommer aldrig ud i verden, de mødes ikke mere,
comes never out in the world they meet not (any)more

jeg er hos ham, ser ham hver dag, jeg vil pleje
I am with him see him every day I will please

ham, elske ham, ofre ham mit liv!"
him love him offer him my life

Men nu skal prinsen giftes og have nabokongens
But now shall the prince marry himself and have the neighbor-king's

dejlige datter! fortalte man, derfor er det, at han
beautiful daughter told one therefore is it that he

udruster så prægtigt et skib. Prinsen rejser for at se
prepares so magnificent a ship The prince travels for to see

nabokongens lande, hedder det nok, men det er
the neighboring king's lands states it enough but it is
                          he states

for at se nabokongens datter, et stort følge skal
for to see the neighboring king's daughter a large following shall

han have med; men den lille havfrue rystede med
he have along but the little mermaid shook with

hovedet og lo; hun kendte prinsens tanker meget
the head and laughed she knew the prince's thoughts much

bedre, end alle de andre. "Jeg må rejse!" havde han
better than all the others I must travel had he

sagt til hende, "jeg må se den smukke prinsesse,
said to her I must see the pretty princess

mine	forældre	forlange	det,	men	tvinge	mig	til	at	føre
my	parents	desired	that	but	force	me	for	to	lead

hende	her	hjem,	som	min	brud,	vil	de	ikke!	jeg	kan
her	here	home	as	my	bride	will	they	not	I	can

ikke	elske	hende!	hun	ligner	ikke	den	smukke	pige	i
not	love	her	she	looks like looks not like	not	the	pretty	girl	in

templet,	som	du	ligner,	skulle	jeg	engang	vælge	en
the temple	who	you	look like	should	I	one time	choose	a

brud,	så	blev	det	snarere	dig,	mit	stumme	hittebarn
bride	so	became	that	sooner	you	my	mute	foundling

med	de	talende	øjne!"	og	han	kyssede	hendes	røde
with	the	speaking	eyes	and	he	kissed	her	red

mund,	legede	med	hendes	lange	hår	og	lagde	sit
mouth	played	with	her	long	hair	and	lied	his

hoved	ved	hendes	hjerte,	så	det	drømte	om
head	by	her	heart	so	it	dreamed	about

menneskelykke	og	en	udødelig	sjæl.
human happiness	and	an	immortal	soul

"Du	er	dog	ikke	bange	for	havet,	mit	stumme
You	are	however	not	afraid	for	the sea	my	mute

barn!"	sagde	han,	da	de	stod	på	det	prægtige	skib,
child	said	he	when	they	stood	on	the	beautiful	ship

som	skulle	føre	ham	til	nabokongens	lande;	og
which	should	lead	him	to	the neighboring king's	lands	and

han	fortalte	hende	om	storm	og	havblik,	om
he	told	her	about	(the) storm	and	the sea sights	about

sælsomme	fisk	i	dybet	og	hvad	dykkeren	der	havde
rare	fish	in	the deep	and	what	the diver	there	had

set,	og	hun	smilede	ved	hans	fortælling,	hun	vidste
seen	and	she	smiled	by (of)	his	tale	she	knew

jo	bedre,	end	nogen	anden,	besked	om	havets
well	better	than	any	other	~~information~~	about	the sea's

bund.
bottom

I	den	måneklare	nat,	når	de	alle	sov,	på
In	the	moon-clear	night	when	they	all	slept	on

styrmanden	nær,	som	stod	ved	roret,	sad	hun	ved
the helm's man	near	who	stood	by	the rudder	sat	she	with

rælingen	af	skibet	og	stirrede	ned	igennem	det	klare
the rail	of	the ship	and	stared	down	through	the	clear

vand,	og	hun	syntes	at	se	sin	faders	slot,	øverst
water	and	she	seemed	to	see	her	father's	palace	most above (at the top)

deroppe	stod	den	gamle	bedstemoder	med	sølvkronen
there upon	stood	the	old	grandmother	with	the silver crown

på	hovedet	og	stirrede	op	igennem	de	stride	strømme
on	the head	and	stared	up	through	the	rushing	current

mod	skibets	køl.	Da	kom	hendes	søstre	op	over
at	the ship's	keel	Then	came	her	sisters	up	over

vandet,	de	stirrede	sorrigfuldt	på	hende	og	vred
the water	they	stared	sorrowful	at	her	and	wrung

deres	hvide	hænder,	hun	vinkede	ad	dem,	smilede	og
their	white	hands	she	waved	at	them	smiled	and

ville	fortælle,	at	alt	gik	hende	godt	og	lykkeligt,
wanted	to tell	that	all	went	her	well	and	joyful

men	skibsdrengen	nærmede	sig	hende	og	søstrene
but	the ship's boy	approached	himself	her	and	the sisters

dykkede	ned,	så	han	blev	i	den	tro,	at	det
dove	under	so	he	became	in	it	believe	that	the

was to believe

hvide,	han	havde	set,	var	skum	på	søen.
white	he	had	seen	was	foam	on	the sea

Næste	morgen	sejlede	skibet	ind	i	havnen	ved
(The) next	morning	sailed	the ship	inside	in	the harbor	by

nabokongens	prægtige	stad.	Alle	kirkeklokker	ringede,
the neighboring king's	magnificent	city	All	church bells	rang

og	fra	de	høje	tårne	blev	blæst	i	basuner,	mens
and	from	the	high	towers	became	blown	in	trumpets	while

trumpets sounded

soldaterne	stod	med	vajende	faner	og	blinkende
the soldiers	stood	with	waving	banners	and	gleaming

bajonetter.	Hver	dag	havde	en	fest.	Bal	og	selskab
bayonets	Each	day	had	a	feast	Ball	and	company (salons)

fulgte	på	hinanden,	men	prinsessen	var	der	endnu
followed	on	eachother	but	the princess	was	there	still

ikke,	hun	opdroges	langt	derfra	i	et	helligt	tempel,
not	she	was drawn up (was raised)	far	from there	in	a	holy	temple

sagde	de,	der	lærte	hun	alle	kongelige	dyder.	Endelig
said	they	there	learned	she	all	royal	virtues	Finally

indtraf	hun.
appeared	she

Den lille havfrue stod begærlig efter at se hendes
The little mermaid stood eager after to see her
         (was)   (for)

skønhed, og hun måtte erkende den, en yndigere
beauty and she had to admit it a more lovely

skikkelse havde hun aldrig set. Huden var så fin og
shape had she never seen The skin was so fine and
(being)

skær, og bag de lange mørke øjenhår smilede et par
fair and behind the long dark eyehair smiled a pair
                              (eyelashes)

sortblå trofaste øjne!
(of) black blue truthful eyes

"Det er dig!" sagde prinsen, "dig, som har frelst mig,
It is you said the prince you who have saved me

da jeg lå som et lig ved kysten!" og han
when I lay as a dead body by the coast and he

trykkede sin rødmende brud i sine arme. "Oh jeg er
pressed his blushing bride in his arms Oh I am

alt for lykkelig!" sagde han til den lille havfrue. "Det
all too happy said he to the little mermaid The

bedste, det jeg aldrig turde håbe, er blevet opfyldt for
best that I never dared to have is become fulfilled for

mig. Du vil glæde dig ved min lykke, thi du
me You will rejoice yourself with my happiness since you

holder mest af mig blandt dem alle!" Og den lille
hold most of me between them all And the little
     love me most

havfrue kyssede hans hånd, og hun syntes alt at
mermaid kissed his hand and she seemed all to
                                        (already)

64

føle	sit	hjerte	briste.	Hans	bryllupsmorgen	ville	jo
feel	her	heart	break	His	marriage morning	would	well
					The morning after his marriage		

give	hende	døden	og	forvandle	hende	til	skum	på
give	her	the death (death)	and	change	her	to	foam	on

søen.
the sea

Chapter 7

Alle	kirkeklokker	ringede,	herolderne	red	om	i
All	church bells	rang	heralds	rode	about	in

gaderne	og	forkyndte	trolovelsen.	På	alle	altre	brændte
the streets	and	announced	the betrothal	On	all	altars	burned

duftende	olie	i	kostelige	sølvlamper.	Præsterne	svingede
scented	oil	in	valuable	silver lamps	The priests	swung

røgelseskar	og	brud	og	brudgom	rakte	hinanden
the incense bowls	and	bride	and	bridegroom	reached	eachother

hånden	og	fik	biskoppens	velsignelse.	Den	lille	havfrue
the hand	and	got	the bishop's	blessing	The	little	mermaid

stod	i	silke	og	guld	og	holdt	brudens	slæb,	men
stood	in	silk	and	gold	and	held	the bride's	train	but

hendes	øre	hørte	ikke	den	festlige	musik,	hendes	øje
her	ear	heard	not	the	festive	music	her	eye

så	ikke	den	hellige	ceremoni,	hun	tænkte	på	sin
saw	not	the	holy	ceremony	she	thought	on (of)	her

dødsnat,	på	alt	hvad	hun	havde	tabt	i	denne	verden.
death night	on	all	what	she	had	lost	in	this	world

Endnu	samme	aften	gik	brud	og	brudgom	ombord
Still	(the) same	evening	went	bride	and	bridegroom	on board

på	skibet,	kanonerne	lød,	alle	flagene	vajede,	og
on	the ship	the cannons	sounded	all	the flags	waved	and

midt	på	skibet	var	rejst	et	kosteligt	telt	af	guld
middle in the middle of	on	the ship	was	erected	an	expensive	tent	of	gold

og   purpur   og   med   de   dejligste   hynder,   der   skulle
and purple   and   with   the   most beautiful cushions   there   should

brudeparret   sove   i   den   stille, kølige nat.
the bride-couple   sleep   in   the   silent   cool   night
(the married couple)

Sejlene   svulmede   i   vinden,   og   skibet   gled   let   og
The sails   swelled   in   the wind   and   the ship   glided   light   and

uden   stor   bevægelse   hen   over   den   klare   sø.
without   large   movement   away   over   the   clear   sea

Da   det   mørknedes,   tændtes   brogede   lamper   og
When   it   became dark   were lit   twinkling   lights   and

søfolkene   dansede   lystige   danse   på   dækket.   Den   lille
the sea men   danced   joyful   dances   on   the deck   The   little
(the sailors)

havfrue   måtte   tænke   på   den   første   gang   hun   dykkede
mermaid   must   think   on   the   first   time   she   dove
                          (of)

op   af   havet   og   så   den   samme   pragt   og   glæde,
up   from   the sea   and   saw   the   same   splendor   and   joy

og   hun   hvirvlede   sig   med   i   dansen,   svævede,   som
and   she   whirled   herself   along   in   the dance floated   as

svalen   svæver   når   den   forfølges,   og   alle
the swallow   floats   when   it   persecutes   and   all

tiljublede   hende   beundring,   aldrig   havde   hun   danset   så
to-cheered   her   admiration   never   had   she   danced   so
        cheered her admiringly

herligt;   det   skar   som   skarpe   knive   i   de   fine   fødder,
wonderful   it   cut   like   sharp   knives   in   the   fine   feet

67

men	hun	følte	det	ikke;	det	skar	hende	smerteligere	i
but	she	felt	it	not	it	cut	her	more painful	in

hjertet.	Hun	vidste,	det	var	den	sidste	aften	hun	så
the heart	She	knew	it	was	the	last	evening	she	saw

ham,	for	hvem	hun	havde	forladt	sin	slægt	og	sit
him	for	whom	she	had	left	her	family	and	his

hjem,	givet	sin	dejlige	stemme	og	daglig	lidt
home	gave	her	beautiful	voice	and	daily	suffered

uendelige	kvaler,	uden	at	han	havde	tanke	derom.
unending	pains	without	that	he	had	(a) thought	about that

Det	var	den	sidste	nat,	hun	åndede	den	samme	luft
It	was	the	last	night	she	breathed	the	same	air

som	han,	så	det	dybe	hav	og	den	stjerneblå	himmel,
as	he	saw	the	deep	sea	and	the	star blue	sky

en	evig	nat	uden	tanke	og	drøm	ventede	hende,
an	eternal	night	without	thought	and	dream	awaited	her

som	ej	havde	sjæl,	ej	kunne	vinde	den.	Og	alt
who	neither	had	soul	nor	could	find	it	And	all

var	glæde	og	lystighed	på	skibet	til	langt	over
was	joy	and	happiness	on	the ship	until	far	past

midnat,	hun	lo	og	dansede	med	dødstanken	i
midnight	she	laughed	and	danced	with	the thought of death	in

sit	hjerte.	Prinsen	kyssede	sin	dejlige	brud,	og	hun
her	heart	The prince	kissed	his	beautiful	bride	and	she

legede	med	hans	sorte	hår,	og	arm	i	arm	gik	de
played	with	his	black	hair	and	arm	in	arm	went	they

til	hvile	i	det	prægtige	telt.
to	rest	in	the	magnificent	tent

Der	blev	tyst	og	stille	på	skibet,	kun	styrmanden
It	became	silent	and	quiet	on	the ship	only	the helmsman

stod	ved	roret,	den	lille	havfrue	lagde	sine	hvide
stood	by	the rudder	the	little	mermaid	laid	her	white

arme	på	rælingen	og	så	mod	øst	efter
arms	on	the railing	and	looked	towards	(the) east	after (for)

morgenrøden,	den	første	solstråle,	vidste	hun,	ville
the morning red	the	first	sun beams	knew	she	would

dræbe	hende.	Da	så	hun	sine	søstre	stige	op	af
kill	her	Then	saw	she	her	sisters	rise	up	from

havet,	de	var	blege,	som	hun;	deres	lange	smukke
the sea	they	were	pale	like	she	their	long	beautiful

hår	flagrede	ikke	længere	i	blæsten,	det	var	afskåret.
hair	waved	not	longer (anymore)	in	the wind	it	was	cut off

"Vi	har	givet	det	til	heksen,	for	at	hun	skulle	bringe
We	have	given	it	to	the witch	for (so)	that	she	should	bring

hjælp,	at	du	ikke	denne	nat	skal	dø!	Hun	har	givet
help	that	you	not	this	night	shall	die	She	has	given

os	en	kniv,	her	er	den!	ser	du	hvor	skarp?	Før
us	a	knife	here	is	it	see	you	how	sharp	Before

sol	står	op,	må	du	stikke	den	i	prinsens	hjerte,
(the) sun	stands (comes)	up	must	you	stick	it	in	the prince's	heart

og	når	da	hans	varme	blod	stænker	på	dine	fødder,
and	when	then	his	warm	blood	splashes	on	your	feet

da	vokser	de	sammen	til	en	fiskehale	og	du	bliver
then	grow	they	together	to	a	fishtail	and	you	become

en	havfrue	igen,	kan	stige	ned	i	vandet	til	os	og
a	mermaid	again	can	rise	down	in	the water	to	us	and

leve	dine	tre	hundrede	år,	før	du	bliver	det	døde,
live	your	three	hundred	years	before	you	become	the	dead

salte	søskum.	Skynd	dig!	Han	eller	du	må	dø,	før
salt	sea foam	Haste	yourself	He	or	you	must	die	before

sol	står	op!	Vor	gamle	bedstemoder	sørger,	så
(the) sun	stands (comes)	up	Our	old	grandmother's	worries	so

hendes	hvide	hår	er	faldet	af,	som	vort	faldt	for
her	white	hair	is	fallen	off	as	our	fell	for

heksens	saks.	Dræb	prinsen	og	kom	tilbage!	Skynd
the witch's	scissors	Kill	the prince	and	come	back	Haste

dig,	ser	du	den	røde	stribe	på	himlen?	Om	nogle
yourself	see	you	the	red	stripe	on	the sky	About (In)	a few

minutter	stiger	solen,	og	da	må	du	dø!"	og	de
minutes	rises	the sun	and	then	must	you	die	and	they

udstødte	et	forunderligt	dybt	suk	og	sank	i	bølgerne.
uttered	a	wondrous	deep	sigh	and	sank	in	the waves

Den	lille	havfrue	trak	purpurtæppet	bort	fra	teltet,
The	little	mermaid	pulled	the purple tapestry	away	from	the tent

og	hun	så	den	dejlige	brud	sove	med	sit	hoved	ved
and	she	saw	the	beautiful	bride	sleep	with	her	head	by

prinsens	bryst,	og	hun	bøjede	sig	ned,	kyssede	ham
the prince's	breast	and	she	bowed	herself	down	kissed	him

på	hans	smukke	pande,	så	på	himlen,	hvor
on	his	handsome	forehead	looked	at	the sky	where

morgenrøden	lyste	mere	og	mere,	så	på	den	skarpe
the morningred	shone	more	and	more	looked	at	the	sharp

kniv	og	fæstede	igen	øjnene	på	prinsen,	der	i
knife	and	fixed	again	the eyes	on	the prince	who	in

drømme	nævnede	sin	brud	ved	navn,	hun	kun	var	i
dream	named	his	bride	by	the name	she	only	was	in

hans	tanker,	og	kniven	sitrede	i	havfruens	hånd,	men
his	thoughts	and	the knife	shook	in	the mermaid's	hand	but

da	kastede	hun	den	langt	ud	i	bølgerne,	de
then	threw	she	it	far	out	in	the waves	they

skinnede	røde,	hvor	den	faldt,	det	så	ud,	som	piblede
shone	red	where	it	fell	it	saw looked	out	like	plunged

der	blodsdråber	op	af	vandet.	Endnu	engang	så
there	blooddrops	up	from	the water	Still	one time	looked

hun	med	halvbrustne	blik	på	prinsen,	styrtede	sig
she	with	half glazed	eyes	at	the prince	hurled	herself

fra	skibet	ned	i	havet,	og	hun	følte,	hvor	hendes
from	the ship	down	in	the sea	and	she	felt	how	her

legeme	opløste	sig	i	skum.
legs	dissolved	themselves	in	foam

Nu	steg	solen	frem	af	havet.	Strålerne	faldt	så	mildt
Now	rose	the sun	from	off	the sea	The rays	fell	so	mild

og	varmt	på	det	dødskolde	havskum	og	den	lille
and	warm	on	the	dead-cold	sea foam	and	the	little

havfrue	følte	ikke	til	døden,	hun	så	den	klare	sol,
mermaid	felt	not	to	the death did not feel dead	she	saw	the	bright	sun

og	oppe	over	hende	svævede	hundrede	gennemsigtige,
and	up	over	her	floated	hundreds	transparent

dejlige	skabninger;	hun	kunne	gennem	dem	se	skibets
beautiful	shapes	she	could	through	them	see	the ship's

hvide	sejl	og	himlens	røde	skyer,	deres	stemme	var
white	sail	and	the sky's	red	clouds	their	voices	were

melodi,	men	så	åndig,	at	intet	menneskeligt	øre	kunne
melody	but	so	ethereal	that	no	human	ear	could

høre	den,	ligesom	intet	jordisk	øje	kunne	se	dem;
hear	it	just like	no	earthly	eye	could	see	them

uden	vinger	svævede	de	ved	deres	egen	lethed
without	wings	floated	they	by	their	own	lightness

gennem	luften.	Den	lille	havfrue	så,	at	hun	havde	et
through	the air	The	little	mermaid	saw	that	she	had	a

legeme	som	de,	det	hævede	sig	mere	og	mere	op
body	like	them	it	lifted	itself	more	and	more	up

af	skummet.
from	the foam

"Til	hvem	kommer	jeg!"	sagde	hun,	og	hendes	stemme
To	whom	come	I	said	she	and	her	voice

klang	som	de	andre	væsners,	så	åndigt,	at	ingen
sounded	like	the	other	beings	so	ethereal	that	no

jordisk	musik	kan	gengive	det.
eartly	music	can	reproduce	it

"Til luftens døtre!" svarede de andre. "Havfruen har ingen udødelig sjæl, kan aldrig få den, uden hun vinder et menneskes kærlighed! Af en fremmed magt afhænger hendes evige tilværelse. Luftens døtre har heller ingen evig sjæl, men de kan selv ved gode handlinger skabe sig en. Vi flyver til de varme lande, hvor den lumre pestluft dræber menneskene; der vifter vi køling. Vi spreder blomsternes duft gennem luften og sender vederkvægelse og lægedom. Når vi i tre hundrede år har stræbt at gøre det gode, vi kan, da får vi en udødelig sjæl og tager del i menneskenes evige lykke. Du stakkels lille havfrue har med hele dit hjerte stræbt efter det samme, som vi, du har lidt og tålt, hævet dig

til	luftåndernes	verden,	nu	kan	du	selv	gennem	gode
to	the air spirits'	world	now	can	you	self	through	good

gerninger	skabe	dig	en	udødelig	sjæl	om	tre
deeds	shape	yourself	an	immortal	soul	about (in)	three

hundrede	år."
hundred	years

Og	den	lille	havfrue	løftede	sine	klare	arme	op	mod
And	the	little	mermaid	lifted	her	bright	arms	up	towards

Guds	sol,	og	for	første	gang	følte	hun	tårer.	På
Gods	sun	and	for	the first	time	felt	she	tears	On

skibet	var	igen	støj	og	liv,	hun	så	prinsen	med	sin
the ship	was	no	noise	or	life	she	saw	the prince	with	his

smukke	brud	søge	efter	hende,	vemodig	stirrede	de
pretty	bride	search	for	her	melancholy	stared	they

på	det	boblende	skum,	som	om	de	vidste,	hun	havde
on	the	bubbling	foam	as	if	they	knew	she	had

styrtet	sig	i	bølgerne.	Usynlig	kyssede	hun	brudens
hurled	herself	in	the waves	unseen	kissed	she	the bride's

pande,	smilede	til	ham	og	steg	med	de	andre	luftens
forehead	smiled	to	him	and	rose	with	the	other	air's

børn	op	på	den	rosenrøde	sky,	som	sejlede	i	luften.
children	up	on	the	rose red	cloud	which	sailed	in	the air

"Om   tre   hundrede   år   svæver   vi   således   ind   i
 In   three   hundred   years   float   we   so   inside   in

Guds   rige!"
Gods   kingdom

"Også   tidligere   kan   vi   komme   der!"   hviskede   én.
 Also   earlier   can   we   come   there   whispered   one

"Usynligt   svæver   vi   ind   i   menneskenes   huse,   hvor
 Unseen   float   we   inside   in   humans'   houses   where

der   er   børn,   og   for   hver   dag   vi   finder   et   godt
there   are   children   and   for   each   day   we   find   a   good

barn,   som   gør   sine   forældre   glæde   og   fortjener   deres
child   which   does   his   parents   joy   and   deserves   their

kærlighed,   forkorter   Gud   vor   prøvetid.   Barnet   ved
love   shortens   God   our   probation period   The child   knows

ikke,   når   vi   flyver   gennem   stuen,   og   når   vi   da   af
not   when   we   fly   through   the room   and   when   we   then   of

glæde   smiler   over   det,   da   tages   et   år   fra   de
happiness   smile   over   it   then   is taken   one   year   from   the

tre   hundrede,   men   ser   vi   et   uartigt   og   ondt   barn,
three   hundred   but   see   we   an   naughty   or   bad   child

da   må   vi   græde   sorgens   gråd,   og   hver   tåre   lægger
then   must   we   cry   sorrow's   cry   and   each   tear   lies
                                                                                 (adds)

en   dag   til   vor   prøvetid!"
a   day   to   our   probation

75

Made in the USA
Middletown, DE
24 September 2023

39236891R00047